**Os Mecanismos da Conquista Colonial:
Os Conquistadores**

Coleção Khronos
Dirigida por J. Guinsburg

Equipe de realização – Tradução: Marilda Pedreira; Revisão: Vera de Campos
Toledo; Produção: Ricardo W. Neves, Sergio Kon.

Ruggiero Romano

**Os Mecanismos da Conquista Colonial:
Os Conquistadores**

 PERSPECTIVA

Título do original francês

Les Mécanismes de la Conquête Coloniale: Les Conquistadores

Copyright © Flammarion, 1972, Paris

Dados Internacionais de Catalogação na Publicação (CIP)
(Câmara Brasileira do Livro)

Romano, Ruggiero
   Os mecanismos da conquista colonial: os conquistadores /
Ruggiero Romano ; [tradução Marilda Pedreira]. São Paulo :
J. Guinsburg)

   Título original: Les Mécanismes de la Conquête Coloniale:
Les Conquistadores
   2. reimpr. da 3. ed. de 1995
   Inclui bibliografia
   ISBN 978-85-273-0602-7

   1. América – Descobrimento e exploração – Espanhóis 2.
Espanha – Colônias – América – Administração I. Guinsburg, J.
II. Título. III. Série.

07-1648.   CDD: 325.346

Índice para catálogo sistemático:
1. Espanha : Conquista colonial : História : Ciência política
325.346

3ª edição – 2ª reimpressão

Direitos reservados em língua portuguesa à
EDITORA PERSPECTIVA S.A.

Av. Brigadeiro Luís Antônio, 3025
01401-000 – São Paulo – SP – Brasil
Telefax: (0–11) 3885-8388
www.editoraperspectiva.com.br

2015

SUMÁRIO

CRONOLOGIA 6

PRIMEIRA PARTE: OS FATOS 11

  1. As formas de conquista 12

  2. A evolução da conquista 25

  3. A herança da conquista 55

SEGUNDA PARTE: ELEMENTOS DO DOSSIÊ E
SITUAÇÃO DA QUESTÃO 67

  Documentos 68

  Julgamentos dos contemporâneos 87

  Problemas e discussões de interpretação 92

BIBLIOGRAFIA 124

Cronologia

Na América

1492   Tomada de Granada. Primeira viagem de C. Colombo. Reconhecimento das Lucaias e das Grandes Antilhas.

1493   Segunda viagem de Colombo; reconhecimento da Jamaica e das Pequenas Antilhas.

1497   J. Caboto percorre a costa do Labrador.

1498   Terceira viagem de Colombo que faz o reconhecimento da ilha da Trindade e da costa da Venezuela, do cabo da Vela ao golfo de Paria. — Rebelião em São Domingos.

1499   Os irmãos Pinzon percorrem a costa das Guianas e do Brasil até a altura do Rio Amazonas; Juan Diez de Solis percorre a costa de Honduras; Alonso de Ojeda e Juan de la Cosa fazem o reconhecimento da costa da Venezuela.

1500   Pedro Álvares Cabral percorre a costa do Brasil.

1501   Américo Vespucci percorre a costa atlântica da América do Sul e chega até a altura do atual Rio de Janeiro.

1502   Quarta viagem de Colombo que percorre a costa do Panamá e de Honduras.

1502-1520   Montezuma II na chefia da confederação asteca.

1503   Reconhecimento da costa de Darien (istmo de Panamá) por Rodrigo de Bastidas.

1508   Chegada de Diego de Nicuesa em Veragua (Colômbia) — Começa a ocupação de Porto Rico.

1509   Início da real ocupação da Jamaica e da costa atlântica do istmo de Panamá. — Diogo Álvares Correia funda o primeiro estabelecimento português no Brasil.

1510	Início da real ocupação de Cuba. — A primeira *Audiencia* é estabelecida na América, em São Domingos.
1512	Bartolomeo de las Casas é ordenado padre: é o primeiro padre ordenado na América.
1513	Vasco Nuñez de Balboa atravessa o istmo de Panamá e chega ao Oceano Pacífico. Juan Ponce de León chega à Flórida.
1514	Execução de Vasco Nuñez de Balboa por ordem de Pedrarias Dávila.
1516	Diez de Solis atinge o Rio da Prata.
1517	Hernández de Córdoba percorre as costas de Iucatã.
1518	Juan de Grijalva percorre a costa do México.
1519	Partida de Magalhães. Expedições de Cortés ao México; Montezuma é aprisionado.
1520	Pánfilo de Narváez desembarca no México visando afastar Cortés. Vitória de Cortés.
1521	Cerco, tomada e destruição de Tenochtitlán (México) por Cortés. — Desembarque de Juan Ponce de León na Flórida.
1522	Conquista da Nicarágua por Gil González Dávila.
1523	Reconhecimento da Guatemala por Pedro de Alvarado.
1524	Verrazzano, a mandado de Francisco I, percorre a costa entre New York e o Maine.
1525	Primeira associação entre Francisco Pizarro e Diego de Almagro para a conquista do Peru: fracasso do empreendimento.
1526	Exploração de Honduras por Fernão Cortés. — Reconhecimento do Iucatã por Francisco de Montejo.
1527	Criação da *Audiencia* do México.
1531	Conquista da região de Cartagena de las Indias (Colômbia) por Pedro de Heredia.
1532	Ataualpa, imperador inca, é capturado por Pizzarro.
1533	Tomada de Cuzco, capital inca, por Pizarro. — Execução de Ataualpa.

1534	Jacques Cartier atinge o golfo de São Lourenço.
1535	Desembarque de Pedro de Alvarado no Equador. — Fracasso de uma tentativa de conquista do Chile por Almagro.
1536	Fundação de Buenos Aires (que será abandonada em 1541) por Pedro de Mendoza.
1537	Morte de Fernão Cortés.
1538	Criação da *Audiencia* do Panamá.
1539	Encontro de Belalcázar, Federmán e Quesada no altiplano de Bogotá. De Soto começa a explorar o sul dos Estados Unidos atuais.
1540	Partida de A. Nuñez Cabeza de Vaca para o Rio da Prata. — Valdivia penetra no Chile. Início da conquista dos maias do Iucatã por Francisco de Montejo, o Jovem.
1541	Morte de Francisco Pizarro.
1542	Criação das *Audiencias* da Guatemala e de Lima.
1543	Início das guerras civis do Peru. Orellana explora o alto Rio Amazonas.
1545	Descoberta das minas de prata de Potosí (Alto Peru).
1547	Criação de *Las Audiencias* de Guadalajara e de Santa Fé de Bogotá.
1548	Fim das guerras civis do Peru.
1553	Morte de Pedro de Valdivia, no Chile, morto pelos araucanos.
1556	Proibição oficial quanto ao emprego das palavras *"conquista"* e *"conquistadores"*, que deverão ser substituídas por *"descubrimiento"* (descobrimento) e *"pobladores"* (colonos).

Fora da América

1493	O Papa Alexandre VI edita a bula *"Inter Caetera"* para definir as respectivas zonas de influência entre Espanha e Portugal.

1494	Tratado de Tordesilhas que, modificando a bula de Alexandre VI, delimita novamente as zonas de influência espanhola e portuguesa.
1498	Vasco da Gama dobra o Cabo da Boa Esperança.
1500	Nascimento do futuro Carlos V.
1503	Instituição, em Sevilha, da *Casa de Contratación,* à qual são atribuídos o monopólio e a organização do comércio espanhol com o Novo Mundo.
1504	Publicação do *Mundus Novus* de Américo Vespucci: tomada de consciência da autonomia geográfica da América.
1506	Morte de Cristóvão Colombo. — Júlio II confirma o Tratado de Tordesilhas.
1512	Leis de Burgos para a organização geral do Novo Mundo.
1517	Carlos I (futuro Carlos V), rei de Espanha.
1519	Carlos I é eleito imperador com o nome de Carlos V.
1524	Instituição do *Consejo Real de Indias.*
1542	As Leis Novas substituem as Leis de Burgos.

PRIMEIRA PARTE: OS FATOS

CAPÍTULO I

As Formas de Conquista

O desenrolar dos acontecimentos da conquista há muito tempo que está determinado e muito bem determinado. Expedições, batalhas, datas da ocupação dos diferentes territórios, tudo está em ordem, claro, bem definido. É, portanto, natural que não se tente apresentar agora uma descrição externa dos acontecimentos, mas antes mostrar os mecanismos segundo os quais tais acontecimentos se desenvolveram; como se inter-relacionaram; que choques provocaram em conseqüência. E, ainda, como dessa imbricação, um mundo novo nasceu; um mundo importante, mas deslocado, disforme, no interior do qual as possibilidades de desenvolvimento aparecem na maioria das vezes sufocadas *in ovo*.

Violência, injustiça, hipocrisia caracterizam a conquista. Não se trata de colocar a história americana sob a égide da legenda negra. Simplesmente, e longe de qualquer julgamento moral, quer-se sublinhar que as formas, os métodos, as maneiras da conquista, mesmo que se queira (e, em certos casos extremos se pode) justificá-los em nome da moral corrente dos séculos XV e XVI, não continham em si nenhum germe de desenvolvimento positivo, pois destinados à mais completa involução, cujas conseqüências vencidos e vencedores teriam suportado juntos.

O poeta canta:

"la espada, la cruz y el hambre iban diezmando la familla salvaje" (Pablo Neruda).

Talvez não seja inútil partir desses versos para tentar perceber por que elementos — que encarados em seu conjunto constituem um mecanismo — foi possível a conquista da "mais rica e bela parte do mundo" (Montaigne).

La espada...

A palavra nos introduz diretamente no cerne do assunto, pelo menos no centro do seu aspecto militar, belicoso, sangrento.

Dos desenhos ingênuos do início do século XVI aos afrescos gigantescos de Diego Rivera no século XX, a desproporção dos armamentos entre as duas partes em luta foi freqüentemente posta em relevo: aço contra madeira e couro; armas de longo alcance contra armas de alcance curto e muito curto. Além disso, concepções táticas e estratégicas elaboradas contra princípios bastante rudimentares... Mais precisamente, é necessário mostrar que a superioridade do armamento dos brancos sobre o dos índios se evidencia em três pontos essenciais:

a) pelas armas de fogo, uma grande superioridade de ordem psicológica e uma possibilidade maior de combate à distância;

b) pelos meios de transporte (o cavalo), uma incomparável mobilidade;

c) pelo emprego do aço, armas de ataque e de defesa infinitamente mais resistentes.

Dizia Fernão Cortés: "Nós não tínhamos, afora Deus, nenhuma outra segurança além de nossos cavalos". Será que ele estava pensando em *El Romo* ou em *Cabeza de Moro,* dois cavalos companheiros seus na conquista do México? São os mesmos animais a respeito dos quais os embaixadores de Montezuma relatavam ao imperador que "seu tamanho é da altura das casas" (B. de Sahagun). Quase colados aos seus animais, os espanhóis exploram, não apenas a vantagem estritamente militar oferecida por suas montarias, mas a vantagem psicológica que sabem tirar da situação. Acaso Cortés não chegará a fazer crer aos caciques de Tabasco que os cavalos faziam a guerra por sua própria vontade e cólera? Efeitos psicológicos que seguramente ocorreram sobretudo nos primórdios da conquista. Mas o papel militar *stricto sensu* não era menor. Os índios tomaram consciência disso e, por ocasião dos combates, eles "tentavam e faziam tudo para matar um cavalo em vez de quatro cristãos" (Garcilaso de la Vega).

Se certos cavalos deixaram seus nomes nas crônicas da conquista, a mesma honra cabia aos cachorros: *Becerrillo;* seu filho *Leoncillo,* com as "numerosas feridas e cicatrizes que o marcaram no combate aos índios" (G. Fernandez de Oviedo y Valdés); *Amadis, Calisto, Amigo...* Cobertos de couro espesso para se protegerem das flechas inimigas, esses animais eram capazes de fazer seu próprio combate isolado, sem ordens particulares de seus mestres: assim que o ódio pelo índio era destilado no coração (ou nos sentidos?) do animal, o combate prosseguia naturalmente. Se seu papel foi nulo, ou quase, na conquista do Peru e do México, foi, entretanto, importante na América Central, nas Caraíbas, na Colômbia e na Venezuela. Isto significa que tal papel se manifestou mais claramente onde os conquistadores enfrentaram, não tanto exércitos regulares empenhados em batalhas organizadas, mas principalmente populações não estruturadas em formas estatais suficientemente rígidas.

Se os cachorros viam sua possibilidade de ação fortemente limitada nas zonas desprotegidas, se os cavalos não podiam dar o melhor de si em regiões escarpadas, também os outros meios ofensivos e defensivos dos brancos encontravam limitações devidas ao clima e às condições da região. Assim, as armas de fogo apresentavam grande tendência a enferrujar e a pólvora, a molhar, no clima úmido de várias regiões da América; o emprego das couraças e dos capacetes era freqüentemente muito limitado pelas altas temperaturas. As vantagens mais nítidas asseguradas aos espanhóis são, sobretudo, a alabarda e o *"escaupil"* (espécie de túnica forrada de algodão). Eis aí um dos pontos mais curiosos da história da conquista: na verdade, o *"es-*

caupil" é uma arma defensiva comum aos brancos e aos indígenas; mas se é eficaz para proteger das flechas indígenas, por outro lado, não protege os índios dos tiros de alabardas, infinitamente, mais penetrantes. A alarbarda é, na conquista, muito mais importante que mosquetes e arcabuzes (instrumentos que funcionam com mecha, de emprego muito lento), pelos menos até a metade do século XVI.

Do lado oposto, o armamento indígena: arcos e flechas, pedras, lanças, e ainda *lazos, boleadoras* (três pedras ligadas, por diferentes métodos, a uma corda e unidas de forma radial, que se revelaram particularmente úteis em interromper a corrida dos cavalos), atiradeiras, machados. Flechas e lanças tinham freqüentemente um complemento de força nos diferentes venenos mortais empregados em quase toda a América.

Resta saber se o armamento espanhol era de uma tal superioridade que bastasse para explicar as vitórias que os conquistadores conseguiram tantas vezes. É difícil responder com um sim ou com um não categóricos, mesmo se levado a crer na existência de uma vantagem do lado dos conquistadores. Mas, quando se lê que, em certos combates, a proporção (ou melhor, a desproporção) númerica é de cem, quinhentos, mil índios para um espanhol, é forçoso dizer que a superioridade do armamento não pode explicar tudo. Deve-se acreditar em superioridade racial, em coragem, em proteção divina?... Estes argumentos dificilmente são aceitáveis... É espantoso constatar, quando se estuda a conquista da América, que as vitórias mais extraordinárias, mais claras, mais radicais, são exatamente aquelas que opuseram um pequeno número de espanhóis a um grande número de índios organizados em exércitos regulares: no México, e mais particularmente no Peru, certos cronistas avaliam os efetivos do exército indígena em 200 000 homens. Em suma, a primeira impressão é que a vitória é mais fácil contra exércitos mais poderosos, Estados mais sólidos, e muito mais difícil contra tribos não organizadas, esparsas, freqüentemente nômades. Contradição? Bem menos do que se crê à primeira vista. Na verdade, é preciso refletir sobre um primeiro ponto de ordem geral. Na América, os antigos "impérios" dominavam rigorosamente numerosas populações. Para estas, muitas vezes, aceitar a dominação espanhola, era aceitar com ingenuidade (como a experiência o demonstrará tristemente) e um pouco depressa demais, substituir o antigo "señorío" por um outro. Além disso, era a oportunidade de se vingar dos antigos "opressores"... Em resumo, esquece-se muito facilmente o fato de que os espanhóis ao se baterem contra grandes exércitos, puderam contar com a ajuda de numerosos "colaboradores".

A vitória de Cortés sobre Montezuma (e o "império" mexicano) só pode ser compreendida se lembrarmos a aliança do conquistador com Xicoténcatl, chefe dos Tlaxtaltecas, inimigos tradicionais dos mexicanos. Aliás, os habitantes de Cholula deviam censurar essa traição dos Tlaxtaltecas: "Olhem esses infames Tlaxtaltecas, covardes e dignos de um castigo. Como se vêem atacados pelos mexicanos, eles vão procurar quem os defenda. Como é que vocês puderam, em tão curto espaço de tempo, corromper-se a tal ponto? Como é que vocês se submeteram a pessoas tão bárbaras e sem fé, estrangeiros que ninguém conhece?" Na conquista do Peru, Pizarro, por sua vez, será muito ajudado pela aliança que fará com o cacique Quilimasa.

Por outro lado, com que alianças contar na guerra contra os araucanos que já tinham resistido ao Inca, no centro-sul do Chile? Que alianças encontrar contra os índios Pampas das planícies argentinas? Que alianças procurar contra os Chichimecas do norte do México? Deveremos, então, nos espantar se os locais ocupados por essas tribos (e isso é válido também para outras vastas regiões) forem conquistados só mais tarde, muito mais tarde, no século XVII, no século XVIII e mesmo nos séculos XIX e XX? Mas, precisamente estas zonas de resistência nos revelam a extraordinária capacidade de assimilação que o mundo índigena manifesta no plano militar para se apropriar dos meios de defesa. Um estudo magistral de Alvaro Jara (*Guerre et société au Chili*, Paris, 1961) nos mostra nos mínimos detalhes todos os esforços de adaptação que os araucanos desenvolveram para assegurar sua defesa militar:

do aprendizado de montar a cavalo ao das armas de fogo; da construção de defesas fixas à aquisição de uma mobilidade extrema: toda a ciência militar espanhola é assimilada com perfeição e até mesmo ultrapassada. Fato tanto mais excepcional se verifica que tais realizações são obra "de grupos que estavam saindo da idade da pedra" e que conseguiram, em 1553, bater os espanhóis em Tucapel e, em 1598, libertar toda uma parte de seu país...

É a essa extraordinária capacidade de assimilação das técnicas militares espanholas que são devidas as numerosas ordenanças que proíbem os índios de se servirem de cavalos e de possuírem armas de fogo. Os espanhóis compreenderam muito depressa que a margem de segurança que lhes assegurava a técnica militar, se tornava muito pequena e que teria sido muito fácil alterar um equilíbrio que, apesar das aparências, permaneceu frágil durante muito tempo. A conquista, efetuada pelas armas devia, portanto, ser mantida por outros meios.

...la cruz...

O primeiro gesto de Cristóvão Colombo, ao tomar posse da terra, foi fincar uma cruz. Tomada de posse (com a bandeira dos reis de Espanha), justificação, arma, instrumento de reinado: a conquista espiritual das Américas começava.

Mas a religião também desempenhou um grande papel na conquista material, militar, do Novo Mundo. Um conjunto surpreendente de circunstâncias de ordem religiosa contribuiu poderosamente para tornar a tarefa mais fácil para os espanhóis. Com efeito, a chegada dos brancos foi precedida, tanto no México como no Peru, por toda uma série de sinais e de profecias que asseguram a chegada iminente de novos deuses,... ou de calamidades. Os sinais: o incêndio incompreensível do templo de Huitzilopochtli e a destruição por raio do templo de Xiuhtecuhtli, no México. Entre os Maias, tudo é ainda mais claro, sob forma de profecia: "em sinal do único deus das alturas, chegará a árvore sagrada, para que o mundo seja iluminado, pai. Quando levantarem seu sinal, para o alto, quando o levantarem com a árvore da vida, tudo mudará de uma só vez. E o sucessor da primeira árvore da terra aparecerá e, para todos, a mudança será evidente" (livro de Chilam Balam de Chumayel). No império inca o raio atinge o palácio do Inca; um condor (mensageiro do Sol) é perseguido por falcões e obrigado a se precipitar no meio da grande praça de Cuzco: ele fica doente e morre; a velha profecia de Viracocha, que havia anunciado a chegada de homens novos durante o reinado do décimo segundo Inca, adquire todo o seu significado.

Mas ainda há mais. Todo o mundo americano, na base de sua esfera religiosa, conheceu o mito de dois civilizadores que, após haver estendido seus benefícios aos homens, desapareceram prometendo voltar. Isto nos ajuda a compreender como e por que a chegada dos brancos é percebida pelos índios através da rede do mito.

Inocência, ingenuidade, "selvagens"? É fácil sorrir. Mas o terror — não se pode empregar outra palavra — que se apoderou dos americanos em 1939, por ocasião de uma célebre emissão radiofônica de Orson Welles anunciando aos seus concidadãos, como fato consumado, o terrífico desembarque dos marcianos na Terra, acaso não pode ajudar a compreender como a credulidade pode se alastrar mesmo entre "civilizados"?

O desconhecido, fortalecido pelo esquema mítico e religioso, contribuiu poderosamente para simplificar a "entrada em cena" dos espanhóis. Com certeza, a "divindade" pessoal dos conquistadores rapidamente perdeu o seu encanto e se apagou. Mas resta assinalar que a falência das religiões indígenas ajudou a penetração da cruz. Essa falência foi facilitada, também, pelo fato de que a autoridade religiosa e a autoridade política estavam freqüentemente confundidas em uma mesma pessoa física acarretando a queda do poder leigo o desmoronamento do poder religioso e dos valores que representava. Assim, o poderoso cimento que a religião deveria ter representado para a manutenção dos Estados e das civilizações indígenas se dissolvia e deixava penetrar de maneira formal e superficial a nova religião. Penetração fácil: os batismos se sucedem e se multiplicam. Aliás, também neste campo, influi o fator da forte estruturação hierárquica dos grandes impérios americanos: basta que a classe dirigente ceda e aceite os sinais da nova religião, para que as massas a sigam. Surgem os altares, as capelas, as igrejas. O triunfo deve ser evidente, claro, carregado de efeito de demonstração: os lugares sagrados no novo culto surgem muito freqüentemente sobre as ruínas dos velhos templos. O exemplo mais notório é seguramente o da igreja construída — em sinal de vitória, de desprezo, de supremacia — no topo da pirâmide de Cholula.

Era realmente preciso evangelizar as populações americanas? O problema foi debatido. E como não debatê-lo quando se chegou a considerar os índios como *"casi monos"* (quase macacos)? Evangelizam-se macacos? Em todo caso, acabaram decidindo evangelizar essas massas. Mas o equívoco persistiu e, no fundo, continuaram a considerá-los como "quase macacos"; a evangelização resultou muitas vezes em fracasso. Não sempre, mas muito freqüentemente. E como poderia ter sido diferente?

Um fracasso. Por quê? Porque a violência domina também a evangelização. Como oferecer uma religião que se pretende de amor, quando se considera que "ninguém pode duvidar que a pólvora contra os infiéis é como o incenso para o Senhor" (Oviedo)? Como ter sucesso em uma obra de evangelização se, ao mesmo tempo, se discute o fato de terem, ou não, os índios *"capacidad"* (aptidão, dignidade) para receber certos sacramentos?

Será, pois, preciso considerar a evangelização pelo que ela foi em relação aos índios da América: uma forma complementar de agressão. Pois trata-se evidentemente de agressão quando se tende a modificar, sob o pretexto da religião, hábitos que remontam às origens de um povo. Um exemplo: a obrigação de enterrar os mortos conforme o ritual cristão. Ora, regiões inteiras da América não enterravam o cadáver, mas o encerravam em jarros que colocavam em cavernas, "tumbas" abobadadas. Devemos, então, nos admirar que uma canção popular de Quito cante ainda hoje:

Eu quero que me enterrem / como meus antepassados no ventre escuro e fresco / de um jarro de terra argilosa? Falência, pois. E os exemplos que se poderiam dar, são infinitos. Teremos que voltar a falar disso. Mas, a partir de agora, será preciso assinalar como esta evangelização em contradição com o objetivo confesso — converter os índios — se transforma, talvez até inconscientemente, em elemento complementar da *espada*. Juntas, elas constituirão as preliminares da conquista e da dominação: a desestruturação de todos os sistemas — político, moral, cultural, religioso — que regiam as massas indígenas da América.

É evidente que suprimir os cultos antigos, as crenças ancestrais, os velhos mitos, sem poder dar logo elementos de substituição (e como imaginar um substituto imediato em um domínio tão particular e tão profundo da psicologia humana?) implica no abandono de populações inteiras, desprovidas de valores, espiritualmente surdas e mudas, psicologicamente desarmadas. Assim, sem falar de bons ou maus evangelizadores, daqueles que exploram os índios e daqueles que os protegem, permanece o fato de que a própria obra da evangelização é negativa, pois é fonte de desintegração cultural e espiritual.

Além disso, é preciso reconsiderar o fato de que a religião cristã, com sua (aparente) indiferença em relação aos problemas terrenos, com sua divisão dos domínios temporal e espiritual, não podia verdadeiramente aspirar substituir as antigas religiões americanas nas quais se fundem, ao contrário, os poderes político e sagrado. Ora, entre um rei longínquo, habitante deste continente desconhecido que é a Europa, e um Deus abstrato, incorporal, cujo representante na Terra também se encontra na Europa, pouco resta para as massas indígenas. Devemos nos admirar, em tais condições, que um observador possa notar muito tempo depois do início da evangelização: "os indígenas deste país, embora lhes ensinem os evangelhos há muito tempo, não são mais cristãos agora do que o eram no momento da conquista, pois, no que tange à fé, eles não têm mais agora do que tinham naquela época, e no que se refere aos costumes, estão piores *"en lo interior y oculto";* e se parecem praticar certas cerimônias formais — entrar na igreja, ajoelhar-se, rezar, confessar-se e outras —, eles o fazem forçados" (Antonio de Zuniga)?

Certamente, da mesma maneira que face à *espada*, os índios organizaram sua defesa face à *cruz*. Defesas ingênuas, penosas, elementares, às vezes. Mas eficazes. Na atual Bolívia e no sul do Peru, a velha divindade pagã Pacha-mama (a Terra-mãe) ainda permanece viva, mesmo se a assimilam à Virgem; Apu-Illampu, o Senhor dos Relâmpagos, revive em Santiago; o Sol (Inti-huyana Capac = Sol jovem chefe), no Cristo. No México, o culto da virgem de Guadalupe tem suas raízes no culto da deusa Tonantzin (Mãe dos deuses...).

Uma certa representação do universo é destruída. Uma outra, nova, é imposta. E esta última carregará consigo, inevitavelmente, os fragmentos da que a havia precedido.

...y el hambre...

A fome. Não se deve, absolutamente, tomar esta palavra no sentido próprio: a subalimentação na América do Centro e do Sul não é um fato da conquista; os índios se alimentaram bem, ao menos, até a metade do século XIX. Se nos servimos deste termo, é porque ele nos parece resumir bem todos os valores da cultura material que foram levantados pela conquista. Toda uma certa ordem de coisas foi levantada: ritmos de trabalho; tipos de cultura; tipos de vida: tudo foi mudado ou, ao menos, consideravelmente modificado.

Roubar brutalmente súditos àqueles que, mais tarde, os próprios espanhóis chamarão de senhores "naturais" dos índios, tem um duplo significado: crime e erro — "teria sido mais prudente dá-los aos seus caciques e senhores que sabem e compreendem a verdade do que cada um deles pretende" (Alonso de Zorita). A imposição de um sistema de tributo novo é grave, não somente porque a carga fiscal é, agora, mais pesada do que outrora, mas porque antes de tudo "estava tão bem distribuído e com tal ordem que cada um deles tinha pouco a pagar" (Alonso de Zorita). A passagem é clara: mais do que a própria carga, é a desordem, a injustiça na percepção da carga que constituem os elementos perturbadores. Alonso de Zorita que escreveu isso por volta de 1585 é, talvez, o homem que melhor percebeu o fenômeno. Não se trata de lhe atribuir qualidades excepcionais de bondade, de compreensão, de solidariedade humana. Pequeno conquistador fracassado, ele simplesmente deu provas de inteligência. Ele sabe melhor compreender a realidade e quase parece dizer que para uma melhor exploração dos índios, teria sido preciso não quebrar sua ordem: não transferir os habitantes das "terras quentes" para as "terras frias", não os tirar de seu meio natural, de seu ritmo de trabalho e de seus critérios de alimentação. Esta situação é restrita apenas ao México? Enquetes levadas a cabo no Peru em 1549, 1562, 1567, confirmam plena e até, indiretamente, a instalação da mesma desordem nessa região: um mundo inteiro desestruturado. Mas seria injusto dizer que essa reviravolta foi inteiramente premeditada, que serviu de instrumento para governar, possuir, espoliar. Na realidade, essa quebra foi sobretudo o resultado do encontro de dois mundos por demais diferentes. Seria fácil falar do encontro do milho americano com o trigo europeu para deduzir apressadamente uma espécie de aculturação recíproca. Esquece-se que os fenômenos de aculturação são elementos que podem ser vistos de um ângulo positivo, desde que se produzam entre duas civilizações, duas culturas, que já têm em comum suas estruturas de pensamento, de comportamento, de julgamento. Quando as diferenças são grandes demais, ao nível da organização política, social e econômica, no plano da cultura material, ao nível cosmogônico etc., não se dá aculturação mas somente predominância de uma cultura sobre a outra.

"A Grécia vencida tornou prisioneiro o duro vencedor". Certo. Mas esse tipo de raciocínio não pode se aplicar à conquista da América (nem, por outro lado, a nenhuma outra conquista dos brancos fora da Europa), pois eram muito nítidas as diferenças, muito profundas as incompreensões, muito grandes as distâncias entre os grupos presentes. Como é que se pode falar de aculturação quando a simples presença física de um branco (tão bom, amável e animado de boas intenções que ele fosse) ao lado de um índio, podia constituir para este uma ameaça mortal? Não se trata de um exagero verbal, mas de um fato concreto. Para as populações da América completamente desprovidas de imunização contra certas doenças, insignificantes para os brancos, um simples resfriado pode significar a morte...

Nessas condições é possível compreender melhor todos os aspectos da queda colossal da população indígena durante o século XVI. Sem penetrar no labirinto dos números, é possível afirmar que a metade, senão dois terços, da população indígena desapareceu em cerca de cinqüenta anos. Pode-se verdadeiramente acreditar que houve *matanza,* assassinato premeditado? Seria ceder muito facilmente às explicações simplistas da legenda negra. Certamente houve assassinatos, assassinatos premeditados, mortes deliberadas, genocídio. É um fato que nenhuma legenda rosa pode apagar. E é um fato que nossa consciência moral nunca deve esquecer. Mas ao nível da explicação, da compreensão crítica deste enorme fenômeno que foi a conquista, isso não pode ser suficiente. É preciso lembrar que a simples transferência (por assim dizer) da população da costa para os altos planaltos, acarretando toda uma série de modificações no tipo de vida, determinava uma forte mortalidade; que as mudanças de ritmos de trabalho (mais do que as quantidades de trabalho exigidas) constituem um elemento desfavorável para a demografia indígena; que as mudanças de tipo higiênico também tem conseqüências negativas.

O desestruturação é, portanto, um elemento, e um elemento determinante, da conquista. Mas depois da conquista torna-se um instrumento da manutenção da supremacia de certos grupos que surgem como dominadores da conquista. História de ontem e história de hoje...

Os três elementos que indicamos, não agem isoladamente: sua interação é constante. Um exemplo, posto em evidência por Nathan Wachtel, nos é dado por uma enquete levada a cabo entre 1582 e 1586 nas *Audiencias* de Quito, Lima e Charcas. Perguntaram aos índios que lá residiam o que eles pensavam de sua própria situação demográfica. As respostas podem se resumir assim: eles tem consciência do fato de que seu número total ficou reduzido, que a duração de vida média é mais curta e que as condições de saúde pioraram desde a chegada dos espanhóis. As razões? Por ordem, são a guerra, as epidemias, os deslocamentos — de curta ou de longa duração —, as quantidades de trabalho que devem produzir. Mas certos índios interrogados dão respostas que podem parecer, à primeira vista, bizarras. De fato, eles se prendem à maior "liberdade" de que desfrutam. O que isto quer dizer? Simplesmente, que a velha estrutura hierárquica na qual estavam antes enquadrados desapareceu. Neste caso liberdade apenas significa isolamento, ruptura dos velhos laços de reciprocidade, desmoronamento da estrutura social ancestral, das antigas regras de vida. Ruptura em todos os níveis. Estes mesmos índios tiveram, na época do Inca, bebidas embriagadoras. Mas a embriaguez era proibida e punida. A ruptura de ordem arcaica significa também a "liberdade" de se embriagar... (e o alcoolismo aparece de uma maneira bastante significativa, imediatamente após a "liberdade", entre as causas da queda demográfica).

Da mesma maneira, quanto ao problema das interações, seria necessário insistir nos laços estreitos que se estabelecem inevitavelmente entre a guerra e a evangelização. A primeira muitas vezes encontra sua principal justificação no princípio da difusão da fé. Mas há também casos de penetração em que a cruz precede o militar, o conquistador. Soldado e pregador vão juntos, e sua ação encontra nesta aliança os elementos necessários para se fortalecer e se afirmar.

Assim, por este mecanismo complicado, a conquista foi possível. Obra de um grupo muito pequeno de homens contra massas demográficas enormes, ela é absolutamente incompreensível se quisermos explicá-la com argumentos de "coragem", o que não deixou de ser feito, de "proteção divina", ou, ainda, por uma esmagadora inferioridade de civilização das populações vencidas. Trata-se, na realidade, de um mecanismo extremamente complexo, no qual, em proporções diferentes (inútil tentar estabelecer receitas absolutas), entraram em combinação os elementos que tentamos apresentar nas páginas precedentes.

CAPÍTULO II

A Evolução da Conquista

Esses conquistadores, quem são eles? O que se tornam? E qual é o caminho que precisam percorrer entre o "ser" e o "tornar-se"?

Quem "são": Cortés — diz Las Casas era nativo de Medellin, "filho de um escudeiro que eu conheci, que era muito pobre e muito humilde, embora fosse velho cristão, e, segundo dizem, *hidalgo*".

O que eles se tornam: "seu pai — dirá Francisco López de Gómara, que foi capelão de Cortés — chamava-se Martín Cortés de Monroy e sua mãe doña Catalina Pizarro Altamirano; eram ambos *hidalgos* pertencentes a linhagens nobres muito antigas e cheias de honra".

Aí está: o que era dúvida se torna realidade. A *hidalguía* é agora coisa adquirida.

Dir-se-á que se trata do destino excepcional de alguns entre os numerosos conquistadores do Novo Mundo. Mas isto é verdade somente até certo ponto, e não impede que as duas citações sejam significativas... Mas o que é importante saber é quem eram, na maioria, esses conquistadores. Pobres diabos, caçulas de famílias de média, pequena e bem pequena nobreza (muitas vezes imaginária...) que conheceram em suas casas o modo de vida aristocrata, com os mitos, os ideais, as ambições que a terra de Espanha não pode mais alimentar. Vejamos de perto a composição social dos companheiros de Valdivia por ocasião da expedição para a conquista do Chile: dois *"caballeros notorios"*; dois *"caballeros"*; onze *"hidalgos notorios"*; 23 *"hidalgos"*; três prováveis hidalgos: nove *"hombres de honra"* (homens honrados); 6 mestiços; um escravo; enfim, 86 pessoas cuja condição é ignorada. É primordialmente significativo que não apareça nenhum *"Grande"*: não são encontrados no Chile, como em nenhuma outra expedição americana.

Quaisquer que sejam as dúvidas — e são numerosas — que esta lista pode levantar, permanece o fato de que duas considerações se impõem: primeiramente, a ausência de *"Grandes"*, entenda-se grandes nobres; acessoriamente, o número muito grande de *"caballeros"* e de *"hidalgos"*. É provável que uma parte destas hidalguías sejam falsas; mas sabemos com bastante certeza que uma parte delas é indiscutível. E ser hidalgo não significa, na acepção corrente no século XVI, ser nobre, mas com pouca fortuna? Nestas condições, por que se admirar de que a ambição geral seja de *"ir a valer mas"* (o "partir para valer mais"?) Valer, note bem, e não apenas "ganhar". Pois o problema é, não apenas encontrar o ouro que não se pode ganhar na metrópole, mas ainda, e principalmente, afirmar-se socialmente, impor-se, estabelecer-se. É verdade que certos *"repartimientos* de índios"[1] não rendiam enormes riquezas aos espanhóis que os tinham sob concessão: a prova está no fato de que se falava desses repartimientos com a expressão *"tener que comer"* (ter para comer). Mas, além do pouco dinheiro que rendiam, os homens que trabalhavam para o conquistador, representavam para ele o sinal de um poder, de uma força, de um prestígio recentemente adquirido. A América é, pois, uma grande ocasião, uma oportunidade que é preciso aproveitar com a quase certeza de não a deixar passar. Esses

---

(1) Atribuição de um certo número de índios aos conquistadores.

homens chegam da Espanha — não todos, como veremos em seguida, pois logo será preciso começar a contar, entre os conquistadores, os filhos dos antigos conquistadores espanhóis, nascidos na América. Entretanto, quer sejam conquistadores espanhóis da Península, ou conquistadores já nascidos na América, seus valores culturais não são menos espanhóis.

Esses valores, podemos encontrá-los por diferentes caminhos. Um dos mais frutíferos é procurar os livros que tiveram mais aceitação entre os conquistadores: os livros de cavalaria. A persistência deste tema literário na Espanha — e nos países do Mediterrâneo — é bem conhecida. Ela é devida, sem dúvida, ao fato de que esse tema era particularmente tocante para o coração e a inteligência dos espanhóis engajados até o fim do século XV, e em sua própria terra, num combate contra o infiel. É, portanto, natural que, tornando a imprensa mais fácil a circulação de obras que relatavam os empreendimentos dos cristãos contra os árabes, elas desfrutassem de uma aceitação bem particular no mundo espanhol. Mas, antes de falar dessa aceitação, será preciso ainda lembrar que a literatura de cavalaria não se limita a retratar combates, duelos, aventuras, mas o maravilhoso, o extraordinário aparece, a cada instante, sob a forma de monstros, de animais e de seres bizarros de ilhas encantadas, de tesouros escondidos. Em resumo: uma extraordinária introdução às maravilhas do Novo Mundo.

Na Península Ibérica, os primeiros romances a se afirmarem foram os dos ciclos bretão e carolíngio. Mas, logo, foram substituídos por uma produção local. A aceitação desta literatura foi enorme na Espanha, em todos os meios. De Carlos V — um fervoroso adepto da literatura de cavalaria a ponto de levar alguns desses livros para o refúgio de seus últimos dias, o monastério de yuste —— ao último marujo ou camponês. Entre a massa de livros publicados, dois tiveram um destaque particular: *Amadis de Gaula* e *Palmerin*. *Amadis de Gaula* foi definido como "o primeiro romance idealista moderno, a epopéia da fidelidade amorosa, o código da honra e da cortesia que governou várias gerações". Irving A. Leonard, que estudou admiravelmente esse capítulo da penetração de certas idéias na mentalidade dos conquistadores, através dos livros, sublinha que "além da repetição monótona dos mesmos combates e das mesmas aventuras, havia traços comuns nessas narrações saborosas que pareciam dar um ar de realismo aos cavaleiros míticos dos quais tratavam. Eram alguns desses traços: o fato de que a narração se fundava em um manuscrito que o autor pretensamente descobrira e traduzira, dando assim a impressão de que os acontecimentos provinham de um acontecimento histórico; a origem nobre, mas oculta do herói que alcançava as prerrogativas de sua linhagem por sua extraordinária bravura por seus feitos admiráveis, a conquista da reputação e da riqueza pelo esforço pessoal, confirmando assim a confiança em si mesmo que o espanhol sente individualmente; o triunfo que geralmente o herói obtinha como "imperador de Constantinopla" ou como soberano de algum reino exótico ou de alguma ilha encantada; e enfim, a geografia caprichosa que caracterizava esses romances, com suas regiões vagamente localizadas, suas cidades pomposas e seus arquipélagos mágicos. A historicidade aparente desses relatos e o enorme alargamento do horizonte após recentes descobertas na África e no Velho Mundo, tornavam verossímeis as fantasias com as quais os escritores enriqueciam suas obras. As enormes possibilidades que o globo terrestre parecia oferecer, reavivavam a imaginação dos leitores e levavam os mais aventureiros a procurar as maravilhas e os tesouros ocultos cuja existência era afirmada com tanta autoridade. Não foi difícil recrutar voluntários para as expedições que se organizavam para explorar o Novo Mundo, visto que nada parecia impossível na aurora da era moderna".

Bernal Diaz del Castillo chegando com seus companheiros à altura da grande *"calzada"* (levantamento de terra) que levava de Iztapalapa ao México, contará: "Ficamos maravilhados e dizíamos que tudo isso lembrava *"las cosas de encantamiento"* (os fatos de encantamento) contados no livro de *Amadis...* E alguns de nossos soldados se perguntavam se o que viam não era um sonho, e não é de admirar que eu escreva assim, pois, há muita coisa para refletir sobre o que eu conto deste modo: ver coisas jamais vistas, nem mesmo sonhadas, como nós víamos." Assim, um vaivém contínuo se estabelecia entre a ficção literária e as próprias realidades que pareciam se adaptar maravilhosamente àquela ficção. Mas isso não deve nos fazer crer que o *exemplum* literário desempenhou um papel motor determinante: lêem *Amadis de Gaula* e partem para a América para imitar as aventuras do herói do livro... Seria, evidentemente, de um simplismo desarmante... Se partem não é simplesmente pelo gosto da aventura. Ou melhor, se têm gosto pela aventura é porque as contingências locais não permitem esperar a realização *in loco* dos sonhos de sucesso. É preciso, pois, procurar nas condições internas da Península Ibérica os fatores que levaram os mais decididos de seus filhos a procurar glória e fortuna em outros lugares.

Quais são, pois, essas condições internas da Espanha entre o final do século XV e o começo do século XVI? Este país não escapou da "crise" geral européia do século XIV e da estagnação, igualmente geral, do século XV. Desta crise e desta estagnação, encontra-se, quanto à Espanha, o sintoma mais evidente no fato de que a *reconquista* da Península ocupada pelos árabes interrompesse em 1340 com a vitória do Rio Salado para recomeçar, vitoriosamente, bem no fim do século XV. Crise e estagnação que romperam as estruturas de uma sociedade e depois permitiram sua reconstituição em bases que, se não são seguramente modernas, são certamente novas. Em todo caso, uma sociedade na qual muitas coisas mudaram; uma sociedade desarticulada, isto é, uma sociedade em que existe um número importante de homens disponíveis para qualquer aventura, prontos a aceitar qualquer horizonte geográfico, sobretudo quando o horizonte espanhol lhes parece estreito e obscuro. Não se deve esquecer, na verdade, que a Espanha dessa época fornece não apenas homens para a conquista da América, mas também os maravilhosos soldados dos *tercios* empenhados nas guerras da Itália e espalhados pela Europa: estes últimos podem também ser considerados, de uma certa maneira, como conquistadores...

"Deus se tornou espanhol", diziam os italianos diante das vitórias fulgurantes e esmagadoras dos exércitos espanhóis na Península. Mas se Deus se tornara espanhol, é porque os espanhóis o convidaram. Tudo, progressivamente, tinha sido estabelecido para a extraordinária aventura hispânica. A experiência militar renovada nos combates para a reconquista do reino de Granada; a afirmação progressiva de uma escola cartográfica entre as melhores da Europa; a criação, também progressiva, bastante lenta, mas chegando ao espantoso resultado, deste formidável instrumento que foi a caravela. Acrescente-se uma demografia que começa a adquirir indício positivo; uma sociedade que não garante o futuro a todos os seus filhos. São os mais decididos entre eles que entrarão para a carreira das armas e da aventura.

Eles levarão consigo, valores, preconceitos, critérios, princípios de sua sociedade de origem. Pudemos indicar alguns deles, apresentando acima o que era a "literatura" dos conquistadores. Mas, com toda evidência, a lista não está completa. Como esquecer, na verdade, que numerosos traços que é preciso levantar na história interna da conquista americana, tem seus antecedentes nos costumes, nos hábitos, nas estruturas mentais da Espanha? É certo, por exemplo, que se os gestos da conquista americana contribuíram para criar o mito da superioridade espanhola, é igualmente verdade que, se foi possível lançar-se nesta aventura, é também porque já se tinha uma noção clara desta superioridade. Esta convicção advém das vitórias contra os muçulmanos na guerra de reconquista do território nacional. Mas também — e sobretudo, gostaríamos de dizer — dessas *"cabalgadas"* (cavalgadas) que cavaleiros espanhóis iam realizar nas costas da Barbária (e que se prolongaram em seguida até a Guiné); empreendimentos coroados de sucesso, já tinham como insígnia as três palavras que serviriam, mais tarde, de tema geral para a conquista americana: *oro, honor y evangelio* (este último argumento, a bem dizer, desempenhou um papel menor nos feitos realizados na África). É pois oportuno lembrar que os espanhóis (e os portugueses) estiveram durante o século XV em relação e em luta constante com povos que eram "outros": outros por sua pele, sua religião, sua cultura material. Este lento, mas progressivo, hábito do estrangeiro, do dessemelhante constitui um excelente prólogo para a conquista. Haverá de que se admirar se virmos os conquistadores, na América, transformar o velho Santiago de *"matamoros"* (mata-mouros) em *"mataindios"* (mata-índios)? Se os templos das populações indígenas da América forem denominados "mesquitas"? Se, enfim, a tendência for de reduzir o "outro" americano a este "outro" — já conhecido e, a partir de então, assimilado — da Barbária e da África? Assim se explica, como teremos oportunidade de ver melhor a seguir, que a organização da conquista se fará segundo princípios e modelos derivados do direito feudal espanhol e dos costumes estabelecidos por ocasião das vitórias das guerras de reconquista. Os conquistadores se colocam face a objetos (homens e coisas) de sua conquista como *"cristianos"*. O que já indica uma certa tomada de posição, uma atitude particular, uma visão do mundo já particularizada. Mas será preciso acrescentar que se trata de *"cristianos"* espanhóis; isto contribui para caracterizar, precisar posteriormente quais os valores veiculados por eles, quais as estruturas mentais de que eles são vetores, quais são os seus preconceitos.

A conquista do continente se fez a partir das ilhas. As primeiras bases de terra firme são estabelecidas a partir de 1509, especialmente em Darien, Coro, Santa Mara, Cartagena, Panamá. Daí, toda uma série de expedições é organizada. Algumas têm por objetivo procurar ouro, pérolas ou capturar escravos índios; as outras têm uma função, que em uma perspectiva histórica, nós podemos qualificar como a mais importante: descobrir terras novas. Mas, qualquer que seja o objetivo dessas expedições, elas se organizam de acordo com um esquema comum: a *compaña* (que não se deve confundir com a *"compañía"*, associação entre pessoas que fornecem capital e trabalho e que dividem os lucros ou as perdas eventuais, proporcionalmente, às suas respectivas contribuições, ou de trabalho ou de capital, enquanto que os homens que trabalham para eles percebem um salário). Na *"compaña"*, ao contrário, todos os membros compartilham dos benefícios, não em função de um contrato estabelecido na base de uma relação jurídica prévia existente entre associados, mas em razão dos costumes e das leis. Distinção muito importante, exprimindo o caráter muito retrógrado dessas expedições que não chegam a se fundar em um contrato entre associados (como no caso da *compañía*) mas "em uma camada mais arcaica do pensamento jurídico" (Góngora), pré-contratual. A própria palavra *"compaña"* é muito velha: o *Cantar de Mio Cid* faz alusão a ela (II, 584) da mesma maneira que um *Fuero* do século XIII... Mais uma vez pode-se ver a persistência de modos de pensar da Idade Média espanhola ainda na época da conquista da América.

Do saque que se pode conseguir com uma "cavalgada", os participantes não retiram os mesmos lucros. É preciso retirar a parte do rei (que os conquistadores não deixarão de contestar, solicitando sua redução), a parte do chefe, as partes de todos aqueles (funcionários, armadores etc.), que investiram dinheiro, armas, cavalos, barcos, na expedição. Os homens da tropa ficam fortemente descontentes com essa situação e chegam a ponto de "mesmo vendo ouro diante de si" não ir apanhá-lo, pois, sabem que dele receberiam uma parte bem pequena (Balboa). Exagero, sem dúvida. É certo, contudo, que as tensões entre os homens das "cavalgadas" eram muito grandes. Provocavam a formação de verdadeiros clãs entre conquistadores "importantes", de um lado, e vil conjunto de soldados a pé, do outro; de fato, estes homens da tropa não participam sempre da expedição por sua conta e por sua vontade; oficiais reais enviam jovens espanhóis ou mesmo escravos negros para conseguir uma parte importante do saque por intermédio de seus *"criados"*: uma conquista, em suma, por pessoas intermediárias... De tudo isso, ressalta, de maneira indiscutível, o fato de que a organização da conquista tem um caráter essencialmente privado: encontra-se uma prova mais concreta no fato de que mesmo nos casos, aliás muito raros, de uma participação real direta em uma expedição (em geral, sob forma de fornecimento de barcos).

essa participação é regularmente recompensada pela partilha do saque, como se a Coroa fosse um armador qualquer. Encontra-se o mais perfeito exemplo dessas "cabalgadas", após as dos espanhóis, no norte do continente sul-americano, na "bandeira" brasileira. Sua missão — principalmente na região de São Paulo — é muito simples: escravizar os índios e fazer prospecção mineira. Pequenos grupos de assalto realizam operações rápidas, voltando sempre ao seu ponto de partida, depois de haver saqueado os habitantes (uma função, pois, de despovoamento e de deslocamento de populações). Esses grupos chegam a ser militarmente muito poderosos e, face às pobres guarnições reais, parecem verdadeiros exércitos. Chegam a manter a ordem entre as massas de escravos negros e de índios que povoam o Brasil. Trata-se ainda de operações privadas essencialmente motivadas pelo acordo que une um grupo dominante. Como dirá um dos maiores chefes de "bandeiras", D. Jorge Velho, "nós constituímos agrupamentos, em que cada um participa com seus homens de armas a fim de partirmos juntos para o sertão deste continente". Banditismo? Seria falar muito (e muito pouco). Mas a idéia do bando é entretanto útil, porque essencialmente ligada à presença de um chefe. Se todos são conquistadores, o chefe tem em suas mãos, na sua cabeça, o resultado dos empreendimentos que depende, sempre, "da personalidade do caudillo, de sua autoridade e de sua capacidade de ceder ou de se impor, conforme as circunstâncias"... O que se chama de "individualismo" dos caudillos é essencialmente o instinto político de um chefe de bando. Em si mesmo, não é diferente daquele que os capitães de grandes companhias ou chefes almogávares catalães em Bizâncio deram provas para conseguir dinheiro e poder. Não se trata, em nossa opinião, de um individualismo particular ao século XVI, mas pertence a um fenômeno mais antigo, o processo de formação de uma soldadesca tal como se manifestou a partir do século XII aproximadamente. E é interessante, de qualquer maneira, sublinhar a continuidade secular do fenômeno dos bandos de guerra e de todas as suas particularidades, dentre as quais o "caudillismo" ocupa um lugar de primeiro plano (Góngora). O papel particular do chefe, nas cavalgadas de rapina, exerce uma ação ainda mais determinante nas grandes expedições. O chefe se torna então um capitão; ele concebe o empreendimento, depois decide realizá-lo: decisão que é preciso às vezes tomar, — como no caso da conquista do México por Cortés — contra chefes rivais. A realização, enfim, não apenas acarreta dificuldades de ordem militar, mas exige também uma excepcional capacidade de suportar as dificuldades que o meio natural opõe, habilidade diplomática nos primeiros contatos com as populações das regiões descobertas, um grande esforço de penetração psicológica dessa mentalidade e desses novos costumes. Não há problema quando um só homem reúne todas essas qualidades; se são dois ou mais, as tensões se manifestam, as rivalidades se evidenciam. Assim foi no Peru, onde muitos homens de qualidade se encontraram: Pizarro, Almagro, Valdivia. Este abandonará a disputa e descerá para o sul, em busca da conquista de um outro lugar (o Chile) onde será o único senhor; entre Pizarro e Almagro, pizarristas e almagristas, a luta será longa e sangrenta: uma verdadeira guerra civil como a que dividiu, no Paraguai, os partidários de Irala e os de Alvar Nuñez. Estas lutas internas entre conquistadores preparam, por outro lado, as revoltas que dividirão em vários lugares o império espanhol da América: Martín Cortés, no México, em 1566; os irmãos Contreras na Nicarágua (1550) ou Lope de Aguirre, na Venezuela (1561). Mas a mais famosa é seguramente a de Gonzalo Pizarro, no Peru, que quase atingirá uma nova legitimidade: o estandarte é impresso com um grande P (de Pizarro) e encimado por uma coroa real... Na verdade, o "império" é um grande arquipélago cujas diferentes ilhas estão mal ligadas entre si, muito isoladas umas das outras. E como se isso não bastasse, cada "ilha" desse arquipélago é animada por forças centrífugas difíceis de controlar: *"Dios está en el cielo, el Rey está lejos, yo mando aquí"* (Deus está no céu, o rei está longe e aqui mando eu) parece ser o lema dos conquistadores. As "provincias" afastadas do centro do império têm, pois, naturalmente, tendência a constituir entidades autônomas, sobre as quais o poder central não pode se exercer devidamente: as ordens que chegam da Espanha são consideradas como *"ostias sin consagrar"* (hóstias por consagrar); recebem-nas, mas não as executam. Seguramente, a partir dos anos 50 do século XVI, as coisas começarão a mudar e mesmo que não se possa crer que elas algum dia tenham sido perfeitas, resta o fato de que um reforçamento dos laços entre o poder central e a "periferia" começa a aparecer. Mas aí a primeira fase da *"conquista"* já terminou... A administração, muitas vezes má, entra em recesso...

A América, entretanto, não esperou os administradores seguros de seu poder para começar a se organizar; os próprios conquistadores começaram, e muito cedo, a constituir os quadros da vida administrativa. As cidades são "fundadas" por ata pública. Registra-se o nascimento do novo núcleo urbano; imediatamente, convoca-se o *cabildo* (assembléia pública), cujas sessões são solenemente relatadas em um registro. Puro formalismo, é o que se dirá. Talvez, mas um formalismo no qual esses homens acreditam... E, se é duvidoso que o segundo livro *Becerro* de Lima tenha desaparecido para eliminar qualquer vestígio do assassinato de Francisco Pizarro, da revolta de Almagro el Mozo, da guerra do Chupas e do governo de Vaca de Castro, por outro lado, é certo que algumas páginas foram arrancadas do livro que continha as atas do período de 1544-1548, anos da revolta de Gonzalo Pizarro. Arrancar páginas, desejo de esconder a história, significa, ao mesmo tempo, acreditar no gesto formal da escrita, relatar para o futuro a lembrança dos feitos realizados, das intenções manifestadas, das vontades afirmadas.

Feitos, intenções e vontades se concretizam na criação das cidades, e por toda parte elas são criadas, mesmo quando se instalam nas cidades indígenas como em Cuzco. Em 1573, chegarão ordens da Espanha para que os princípios de construção das cidades da América sejam os mesmos de Vitrúvio: o plano quadrilhado*. Por que adotaram esse critério? Para homens que manifestam freqüentemente uma tendência anárquica,

(*) Segundo esse plano a cidade era planificada em quarteirões quadrados. (N. da T.)

como explicar a adoção de um sistema tão regular? Ainda aqui a Idade Média européia pode fornecer uma resposta válida: o plano quadrilhado dos conquistadores não tem nada a ver com Vitrúvio, o qual ignoravam alegremente, mas retoma o sistema das bastidas, as "cidades novas" da Europa medieval, que também podem ser consideradas como cidades de conquista. Mas isto não deve nos fazer crer numa monótona uniformidade da cidade americana: se o plano quadrilhado é o mais difundido, também é verdade que existem cidades onde as casas estão aglomeradas em cachos por quarteirões inteiros, seguindo as curvas de nível, ou cidades-fortaleza (Cartagena de las Indias, Veracruz, Campeche...) para não falar das cidades que retomam, modificando-o parcialmente, o esquema de urbanismo das aglomerações indígenas pré-hispânicas. Mas, depois de sublinhar a preponderância do caráter europeu do plano quadrilhado adotado pelos conquistadores na construção de suas cidades, é preciso acrescentar que esse plano sofreu — com relação ao esquema europeu — modificações ou, melhor dizendo, alterações. E isso era inevitável se considerarmos a escala diferente — e bem nova para os conquistadores — do meio em que inserem suas cidades. Escala diferente em suas dimensões: acidentes naturais, distâncias enormes, isolamento, constituem motores poderosos para a introdução de novos princípios. Acrescente-se — ao menos para o começo e, portanto, para a época da verdadeira conquista — a incerteza dos objetivos e compreender-se-á melhor que essas cidades, embora correspondendo a esquemas antigos — são novas, típicas, em resumo: americanas. Desde a fundação do forte Natividad até a criação de Lima ou de Santiago do Chile, essas cidades se manifestam com sua própria função: cidades mineiras, cidades de zonas com forte concentração de população indígena, cidades-fortaleza, cidades-etapa. Estas talvez sejam as que se apresentam com maior originalidade. Sua construção se impõe até mesmo onde a rede pré-histórica é suficientemente densa. Assim, no México, entre Cidade do México, Tlaxcala e Cholula — *no quadro da civilização pré-hispânica* — não há necessidade de outras cidades. Mas a criação da cidade-fortaleza de Vera-Cruz pelos espanhóis impõe, exige mesmo, a criação de uma outra cidade. E esta será Puebla, em 1531. Mais uma vez, portanto — e é sobre este ponto que gostaríamos de particularmente chamar a atenção — tudo se liga: a conquista não é uma soma de feitos, mas um conjunto — um mecanismo, gostaríamos de dizer —: cada elemento estabelecido, determina a criação de outros elementos. É isso que constitui a verdadeira grandeza — se quisermos a todo custo encontrar grandeza... — da conquista e não pelos tiros dados. Cada passo adiante, cada pedra deslocada, cada aldeia conquistada ocasiona inevitavelmente um outro passo adiante, o deslocamento de uma outra pedra, a conquista de uma outra aldeia.

Nessas cidades criadas com todos os elementos, o conquistador organiza a sua vida. E, primeiramente, sua família. Estranha família, para dizer a verdade... Se as cifras de 50, 100 filhos ou mais atribuídos a tal ou qual conquistador são evidentemente exageradas, é certo, entretanto, que o número de filhos — mestiços e bastardos — dos conquistadores era muito grande. É conhecida, com uma precisão relativa, mas suficiente, a descendência de 97 companheiros da expedição de Pedro de Valdivia no Chile: 159 filhos são de sangue espanhol quase puro, 226 possuíam uma porcentagem de sangue índigena oscilando entre 25 e 50%. E tudo nos leva a crer que as informações relativas à descendência dos filhos mestiços eram seguramente menos precisas do que as relativas ao nascimento de filhos da mesma raça que o pai. Portanto, não é exagero imaginar que o número de "brancos" nascidos na América devia ser aproximadamente a metade da dos mestiços. Aliás, se seguirmos, com os poucos documentos de que dispomos, a evolução demográfica dos dois grupos de população — brancos e mestiços — na América, até 1570 aproximadamente, a impressão que se tem é a de um crescimento muito mais forte no segundo do que no primeiro. Aos primeiros nascimentos oriundos de uniões entre brancos unicamente, seguiram-se muito rapidamente os oriundos de uniões entre brancos e negros. Donde, a "mistura das raças" que devia dar origem aos *mestizos, castizos, moriscos, chinos, salta atrás* etc.: cerca de uma centena de definições aproximadas das diferentes misturas possíveis. Problema extremamente interessante, pois, além do simples fato das relações sexuais, aparecem de forma transparente toda uma série de fatores de ordem moral, econômica, religiosa. Com duvidar, quando se vê que o filho de um espanhol com uma índia é um *mestizo*, e que o filho de um *mestizo* com uma espanhola é um *castizo*, mas que o filho de um *castizo* com uma espanhola é, de novo, um espanhol?

Do outro lado deste esquema "liberal" que integra, se assim se pode dizer, ao mundo hispânico, uma mistura, atenuada até certo ponto, com o mundo indígena, não corresponderá liberalismo algum quando se trata de relações com os negros. De fato, se o filho de um espanhol e de uma negra é um mulato e o filho de um mulato e de uma espanhola, um *morisco* (é interessante constatar que já neste segundo grau, o nome acentua o caráter "estrangeiro"), o filho de um *morisco* e de uma espanhola não se torna espanhol, mas, — e a denominação é inexplicável —, *chino* (chinês). É evidente que no momento da conquista, o problema da mestiçagem influi essencialmente, senão exclusivamente, nas relações entre espanhóis e índios. Os exemplos mais famosos de uniões entre chefes de expedições e princesas de sangue imperial indígena (como esquecer a Malincha que foi tão cara a Cortés?) dão testemunho do fato. Mas reencontramos essas uniões em todos os escalões "militares" da conquista. Sem levar em conta a formação de verdadeiros haréns a serviço dos conquistadores, a união com indígenas permanece um fato corrente e mesmo inevitável no começo de cada fase da conquista, nas diferentes regiões da América, de onde as mulheres brancas estiveram separadas durante muito tempo.

Essa miscigenação provoca uma série de conseqüências. Não é caso para se retomar os temas racistas contra os produtos da mestiçagem, insistindo sobre o princípio geral de que o mestiço reúne todos os defeitos, e nenhuma qualidade, das duas raças de que é fruto. "Defeitos" não de ordem biológica, portanto, mas de ordem social e, antes de mais nada, porque esses mestiços são quase todos ilegítimos. Rejeitados ao mesmo tempo pelos dois grupos raciais do pai e da mãe, eles ficam isolados de qualquer contexto social. Na célula familiar, mesmo quando ela resiste à falta de laços oficiais representados pelo casamento, o ponto focal é representado pela mãe, símbolo de continuidade, de força, elemento essencial do lar. O caso limite deste fenômeno é ilustrado pelo grande intelectual (não se pode defini-lo de outro modo) que foi Garcilaso de la Vega el Inca, filho de uma princesa peruana e de um conquistador, que, embora completamente integrado na cultura espanhola e européia e vivendo na Espanha a maior parte de sua vida, permaneceu espiritualmente ligado ao mundo materno até o fim de seus dias. É evidente que, em tais condições, a "família" indígena--espanhola nunca formou um grupo suficientemente estável, suscetível de constituir o núcleo·de um mundo futuro.

É preciso considerar ainda que a miscigenação não é apenas o produto de elementos dificilmente passíveis de integração (na sociedade branca ou indígena), mas que constitui um elemento de desagregação da família indígena. Esta, extremamente forte, compacta, sofrera indiretamente (pelo exemplo) ou diretamente (pelos casamentos de indígenas com mestiços) o choque retroativo da mestiçagem. A autorização, em 1514, dos casamentos entre espanhóis e índias não mudou muita coisa e isto pela simples razão de que, se as "uniões" continuavam, os "casamentos" foram raros; no Chile, no grupo de conquistadores sob as ordens de Pedro de Valdivia, contra 45 casamentos de espanhóis com espanholas e 2 com portuguesas, registra-se um único casamento com uma índia nobre, um outro com uma índia não nobre, sete com *mestizas,* um com uma mulata.

Enfim, mesmo ao nível das famílias regularmente constituídas por casamentos regulares entre espanhóis e espanholas, não se deve crer que o sacramento possa arrumar as coisas por uma espécie de virtude misteriosa. A presença dos semi-irmãos, morando quase sempre na mesma casa e o fato de serem educados por criadas indígenas contribuíam para fazer dos filhos brancos uma espécie de mestiços. Mestiços, e não índios, pois, apesar de tudo, a imagem paterna estava presente para dirigir, bem ou mal, as crianças para o quadro branco.

Esta "recuperação" se efetuava principalmente ao nível da herança: era aí que o peso do casamento, da família, da "ordem" criada pelo casamento, se fazia sentir plenamente; era aí principalmente que se estabelecia a continuidade da família.

Mas a organização da família representa apenas um aspecto, e seguramente não o mais importante, no estabelecimento geral do espaço americano. O problema que deve ser resolvido prioritariamente é o da organização política a ser dada aos novos lugares. Política bastante estranha, a bem dizer, pois se existe preocupação em instalar a coletividade, se o *cabildo* for organizado imediatamente, órgão administrativo e legislativo das cidades novas, não se deve esquecer que as principais preocupações dos conquistadores quanto a organização, estão ligadas ao seu enriquecimento. No início, foi o roubo: roubo de jóias, violação dos túmulos, pilhagem dos tesouros constituíram as primeiras recompensas da conquista. Mas as riquezas acumuladas de um povo rapidamente se esgotam. Restam, então, as riquezas naturais do lugar conquistado: a terra, as minas, as areias auríferas. Ora, toda esta riqueza potencial, para se tornar palpável, precisa ser explorada. A tomada de posse das minas, das areias auríferas, do solo, foi fácil. Mas o ponto difícil era a transformação do potencial humano indígena em poder energético para vantagem dos europeus. Era portanto necessário criar "sistemas" para enquadrar o trabalho dos índios: *"encomienda"*, a *"mita"* etc. A *"encomienda"* é o sistema mais difundido: os índios são confiados (encomendados) a um espanhol a quem pagam tributo sob a forma de prestação de serviços. A *"encomienda"*, como todas as outras formas de trabalho indígena a serviço do conquistador, quer seja na terra, nas minas, nas areias auríferas dos rios, ou nas oficinas de tecelagem, se caracteriza geralmente, apesar de certas variações locais, pelo trabalho forçado. Aqui está, aliás, um meio de verificar a hipótese, anteriormente assinalada, da facilidade dos espanhóis em conseguir mais vitórias militares sobre os impérios "estruturados" do que sobre tribos não fechadas em formas estáticas. Isso se explica facilmente. Os habitantes de um império como o do Inca já estavam habituados às "corvéias" para o imperador, ou para os templos do Sol e da Lua. A transferência (do imperador para o *encomendero*), sem dúvida não se efetuou pacificamente; mas foi possível sob risco de recorrer à violência. Por outro lado, com as populações sem enquadramento estatal, livres, a violência não podia bastar: a guerra se tornou um massacre e os sobreviventes foram escravizados. A escravidão dos índios *"bravos"*, de *"guerra"* (entenda-se aqui os que opunham uma resistência armada aos europeus) foi autorizada: no Chile, por exemplo, ou no Brasil.

Terras roubadas, usurpadas; trabalho obrigatório. Tudo isso não passa sem nos lembrar um sistema que existiu também na Europa: o feudalismo.

Tentemos precisar este ponto de extrema importância. Solorzano Pereira que, em *Política Indígena* (1647) fez uma verdadeira análise crítica das instituições instaladas na América, nos diz: "Pode-se compará-las (as encomiendas) aos feudos... E por isso... em várias Cedulas reais e na linguagem corrente das Índias, particularmente no Peru, os encomenderos são habitualmente chamados de feudatários... Mas ambos apresentam, sem dúvida, várias características que se diferenciam do feudo e, especialmente, as *encomiendas*... não podem ser consideradas como feudos próprios, mas como um daqueles que se chama de impróprios, irregulares e degenerados".

Os historiadores que se consideram objetivos e científicos, que recusam, em nome de argumentos capciosos, o emprego da expressão "feudal" a propósito da economia e da sociedade americanas fundadas sobre as *encomiendas*, deveriam meditar sobre este texto de Solorzano Pereira ou sobre os de Léon Pinelo ou Juan de Matienzo. A *encomienda*, segundo dizem, não é um feudo, visto que se reduz a um único homem encarregado de receber os impostos que os índios devem ao soberano. O *encomendero* é, em suma, apenas uma espécie de coletor munido de poderes importantes... Acrescentam que a diferença fundamental entre o feudo e a encomienda consiste no fato desta não acarretar de forma alguma uma relação de propriedade sobre a terra, o que é verdade. Mas isso significa esquecer que os *encomenderos* obtiveram também, além dos índios que lhes eram confiados, terras. Obtidas graciosamente, a título de *"merced"*, de dom. Ponhamos juntos terra e mão de obra, se bem que obtidas com cartas diferentes, e teremos feudos. E se nos recusarmos a chamá-los de feudos, lembrar-nos-emos, então, que "a senhoria rural nasceu antes do feudalismo; e lhe sobreviveu" (R. Boutruche). Na verdade, mesmo aceitando a fórmula de Robert Boutruche, pode-se realmente acreditar que a senhoria anterior ao feudalismo seja igual à posterior? Como acreditar que esta senhoria rural não se tenha impregnado de valores feudais? Como acreditar que o feudalismo tenha passado sobre a senhoria rural como o óleo sobre a água? Simplismo: não existe, não pode existir nenhuma forma econômica que sobreviva por séculos, impermeável a tudo. Em todo caso, o que se pode dizer a propósito da senhoria rural americana (mas o discurso vale também para a senhoria européia) é que ela foi tanto mais insuportável quanto estava desprovida dos valores positivos do feudalismo. As observações de Marc Bloch a respeito da situação européia podem esclarecer este problema: "por longo tempo, o regime senhorial, que ele (o feudalismo) havia marcado, persistiu depois dele. Entre muitas vicissitudes, aliás... Como, entretanto, não observar que, não estando mais inserido em toda uma rede de instituições de comando que lhe eram estreitamente familiares, não podia deixar de parecer, aos olhos das populações dominadas, cada vez mais ininteligível e, como conseqüência mais odioso"? Aqui está o verdadeiro problema: o regime senhorial americano não apresenta mais nenhuma das vantagens que o sistema feudal clássico trazia consigo, apesar de tudo. Mas nada impede que ele esteja fundado sobre princípios feudais e que só guarde desses princípios a parte mais odiosa. Não se trata mais de feudos próprios, mas de feudos impróprios, irregulares e degenerados... O *Fuero Viejo de Castilla* (texto do século XIV) prevê que "o senhor pode dispor da pessoa do *"solariego"* (vassalo) e de tudo aquilo que ele possa, eventualmente, ser proprietário, e o solariego não pode, por isso, recorrer à justiça diante de ninguém". Ora, Ignacio Jordán de Asso y del Río e Miguel de Manuel y Rodrigues que se tornaram editores do *Fuero Viejo de Castilla,* em 1771, observam em seus comentários que as disposições previstas nesse texto sobreviveram até os seus dias. E isto não apenas porque toda uma série de leis e de disposições reais tinham contribuído para mantê-las, mas porque, de fato, elas ainda funcionavam.

E na América?

Aqui o *Fuero Viejo de Castilla* renasce, toma fôlego, é extremamente vigoroso: os índios também são, na verdade, reduzidos ao estado de solariegos, e o senhor pode dispor inteiramente de suas pessoas. A mentalidade medieval permaneceu latente sob todas as disposições que convergiam para reduzir os índios a esta condição. A tentativa de encontrar uma justificação é, como por acaso, de tipo feudal: se o encomendero tem o direito de dispor dos índios, não é por abuso, mas porque existe uma relação de reciprocidade — o senhor ensina (ou paga aos que ensinam) a religião cristã aos índios; estes lhe devem obediência e tributo... A prova de que a argumentação era completamente falaciosa é dada, muito rapidamente, pelo acréscimo de um tributo especial pela *"doctrina"* aos tributos habituais, entenda-se um tributo para a remuneração dos missionários que estavam encarregados das almas...

Mas a isso acrescentam-se outras formas mais estritamente feudais. Fazemos aqui alusão às justificativas dadas aos direitos dos *encomenderos*: eles devem *"tener armas y caballos",* ter armas e cavalos, "na eventualidade de guerra". Nesse caso, os vice-reis devem incitá-los "para partir às suas próprias custas"; se eles não querem partir, "então lhes tiram os índios". É toda a velha lógica do sistema feudal que reaparece, com algo a mais: os *encomenderos,* na verdade, quase nunca foram para a guerra... Assim, o bem espiritual das populações indígenas e a defesa da região servem de duplo argumento para estabelecer e justificar o nascimento e a manutenção da *encomienda.* Evidentemente, a Coroa intervém de vez em quando para defender os índios. Mas deve-se confessar que ela intervém mais para frear os *encomenderos* do que para defender seus súditos. Prova está que, para proteger os índios da exação excessiva de tributos, afirmam que não se pode fazê-los pagar todo esse dinheiro, pois sua condição "parece ser mais de escravos que de homens livres". Defesa? Ou antes, rivalidade — como teremos oportunidade de verificar em seguida — entre os interesses da Coroa preocupada em salvaguardar suas prerrogativas, e os dos *encomenderos* que exercem uma autoridade abusiva? Em todo caso, os índios não têm outra alternativa entre serem "escravos" ou pagar ao *encomendero "todo cuanto pueden"*, tudo o que podem.

Se insistimos tanto no caráter feudal e senhorial das instituições estabelecidas pelos conquistadores, não foi apenas pela preocupação de colar um rótulo em vez de outro. A razão é outra e muito mais importante: evitando-se esta questão, não se pode absolutamente compreender as razões pelas quais toda a economia americana foi caracterizada, desde o início, e até o século XVIII e bem além disso, por seu aspecto essencialmente "natural" e não monetário. De fato, uma economia natural caracteriza-se pelo fato das transações serem feitas sem o intermédio de símbolos monetários, apenas na base da troca. Certamente recorreu-se a índices monetários: uma cabra, ou uma medida determinada de tecido de algodão ou um determinado peso de coca etc., adquiriram valor monetário. Mas contrariamente ao que se crê habitualmente, estes símbolos monetários são apenas, é claro, equivalentes muito imperfeitos da moeda, e da moeda metálica. Faltam-lhes, primeiramente, todas estas vantagens: facilidade de transporte, acúmulo de valor em pouco volume, divisibilidade fácil. E, sobretudo, nenhum processo de acumulação é possível. Além disso, é preciso considerar que um sistema fundado sobre a economia natural pode. a rigor, funcionar isolado. Mas o problema se coloca quando a esfera de economia natural entra em contato com uma outra esfera de economia monetária. O peso determinante desta se faz sentir, então, de uma maneira extremamente forte; é ela que impõe as formas do desenvolvimento ou do não-desenvolvimento. Falar de colonialismo nada significa, a menos que se precise em que contexto econômico este colonialismo se manifesta; ora, é preciso assinalar, na América espanhola, o caráter essencialmente natural de sua economia. Essas formas de organização feudal encontram sua mais clara expressão (mas não a única) nas *encomiendas de indios* e na *merced de tierra*. Nem uma nem outra são fenômenos isolados, raros. Ao contrário. Pode-se dizer que para os conquistadores, a *encomienda* e a *merced* estão no final de seus esforços. No México, por exemplo, vinte e cinco anos depois da conquista, o número de espanhóis é de cerca de 1 385; destes, 577 eram *encomenderos*. Este número se torna ainda mais revelador quando se pensa que as tropas de Fernão Cortés não contavam com mais de 1000 homens. No outro extremo da América, no Chile, os 150 companheiros de Pedro de Valdivia haviam recebido sua *encomienda* exceto 12, ou talvez 18 (6 casos não foram esclarecidos). Entre aqueles que ascenderam ao nível de encomendero, um caso nos fala muito, de tal modo é espantoso: o de Juan Valiente, um escravo negro, que tinha fugido do México e que, vivendo sabe Deus que aventuras, chegara ao Peru, juntando-se a Pedro de Valdivia no momento em que este partia para a conquista do Chile. Após a vitória, seus serviços foram recompensados com a concessão de uma *encomienda* em Concepción sem que a sua condição de escravo, fugitivo, ou o que quer que seja, o impedisse. Ele casou, teve dois filhos e morreu em 1553, na derrocada de Tucapel.

O caso do Chile é, talvez, o mais significativo. Indicamos que a conquista dessa região tornou-se difícil pela violenta e muitas vezes vitoriosa resistência oposta pelos índios. Em resumo, a conquista do Chile foi, na realidade, a história de uma série de conquistas, abandonos e reconquistas. Ora, cada reconquista levanta novamente o problema das concessões de terras e de homens. Assim, o governador García Hurtado de Mendoza mudou os titulares de quase todas as encomiendas distribuídas por Pedro de Valdivia, sob o pretexto de que ele próprio e seus companheiros haviam de fato realizado uma nova conquista. Francisco e Pedro de Villagra fizeram praticamente a mesma coisa. Depois foi a vez de Rodrigo de Quiroga... Tais são as realidades que confirmam o que dissemos anteriormente sobre o caráter privado da conquista: concessões e revogações justificam-se pelas iniciativas privadas de certo grupo. Cortés escreve muito claramente em um de seus relatos a Carlos V: "Levando em consideração o tempo durante o qual estivemos empenhados na guerra, e as obrigações e as dívidas que tivemos que fazer por sua causa... praticamente fui obrigado a confiar os donos e os súditos destas regiões aos espanhóis, considerando os serviços que eles prestaram a Vossa Majestade." E Silvio Zavala precisamente observa a esse respeito: "que se nota a distribuição de tipo senhorial: aldeias inteiras, compostas de súditos e de caciques índios, são confiadas sob custódia ou sob encomienda aos espanhóis, de acordo com os méritos de cada um destes, Cortés fazendo a partilha na qualidade de *"capitán"* e de acordo com as normas habituais da guerra. Do mesmo modo que se dividia, antes, o ouro e os escravos, agora dividem-se aldeias indígenas, isto é, seus ganhos tributários. Por derivação da forma militar da expedição, do sistema habitual de "partilha" e do meio senhorial castelhano da Idade Média que persistia no grupo conquistador, a Nova Espanha cai no sistema de *vassalagem*, de acordo com a estrutura interna de Castela."

Realidade chilena ou realidade mexicana. Quanto à região de Córdoba, um dos livros de *Mercedes de Tierra* que restou após séculos, existe para nos dar uma confirmação. Confirmação ainda para a Venezuela: também aqui, os nomes dos primeiros *encomenderos* coincidem com os dos primeiros proprietários de terras adquiridas, sem abrir a bolsa, por *mercedes*. Às *"mercedes de tierras"* e *"encomiendas de indios"*, raízes de todo o sistema econômico estabelecido na América, acrescentou-se a escravidão dos negros da África, embora o fenômeno seja mais tardio, e dos índios revoltados. Esses escravos também representaram, para os conquistadores, um elemento importante de sua implantação econômica, às custas de violência e de uma ruptura da ordem moral. Nossa insistência sobre tais aspectos não é resultante de um moralismo gratuito mas, simplesmente para indicar que nestas questões morais, atrás das quais escondiam-se grandes interesses econômicos, houve intervenção da maior autoridade moral do Ocidente: a Igreja Católica. Ela não interviu diretamente, na pessoa de seu chefe, mas por intermédio de um certo número de seus representantes, sendo os mais representativos Las Casas e Sepulveda. Em suas posições confluem os pensamentos e as ações de uma série de teólogos e de homens da Igreja. O debate foi visto por muito tempo em função da "bondade" de Las Casas e da "maldade" de Sepulveda. Sem dúvida, as maneiras de agir de ambos falam por si, mas, tendo por finalidade uma interpretação crítica, as qualidades ou os defeitos desses personagens não podem servir de argumentos. O mais importante é saber se, por detrás dessa mostra de defeitos ou de virtudes, existe uma possibilidade de reencontrar as linhas mestras capazes de nos revelar contrastes mais profundos que oposições de ordem individual. Solorzano Pereira, em sua *Política Indígena,* escreve: "Com exceção das terras, prados, pastagens, montanhas e águas que, por graça e *merced* particulares, se encontram concedidas às cidades, centros ou lugares das Índias, ou a outras comunidades ou pessoas, o restante é e deve ser da Coroa real". Tudo, por direito, pertence à Coroa; o rei é quem pode, simplesmente por sua graça, ceder a pessoas físicas ou morais, o *jus utendi et abutendi* de uma parte dessas terras, sem abdicar para tanto de seu direito soberano. As mesmas palavras podem ser empregadas a propósito dos índios que são todos, originariamente, súditos do rei; podendo este, sempre unicamente por sua graça, confiar (*encomendar*) tais homens a particulares permanecendo ele próprio o seu dono.

É por isso que as *encomiendas* só são concedidas por uma geração, ou duas, a rigor, de *encomenderos.* Na verdade, o espírito indisciplinado dos conquistadores e a distância geográfica ajudando, as intenções reais e imperiais logo se encontraram comprometidas. Assim, parece menos exagerado notar, sem tirar nada das virtudes de uns e dos defeitos de outros, que a posição de Las Casas, desejoso de tirar os índios da tutela dos *encomenderos,* reflete muito bem a da Coroa, enquanto Sepulveda, partidário da "guerra justa" contra os índios e certo do real direito dos espanhóis em escravizá-los, é simplesmente o porta-voz dos *encomenderos.* Em suma, um grande debate teológico, moral, intelectual, acha-se então reduzido a uma rivalidade de interesses? O problema não está aí, mesmo se considerarmos que Sepulveda recebeu dinheiro dos *encomenderos* mexicanos e Las Casas, uma excelente acolhida junto ao poder central. É necessário simplesmente constatar que o debate existiu, sustentado mais ou menos conscientemente por interesses que, comuns a princípio, progressivamente se tornaram conflitantes.

Descobrir interesses por detrás de argumentos morais e teológicos nos permite captar melhor um problema de extrema importância: a atitude dos conquistadores com relação aos índios. Uma longa tradição de estudos e de julgamentos, apoiada no fato de que as relações sexuais entre brancos e índios foram muito freqüentes, permitiu deduzir que os espanhóis (e os portugueses) nunca tiveram preconceitos raciais com relação aos índios. Esta tese foi apresentada e defendida magistralmente por Gilberto Freyre a respeito do Brasil unicamente, mas isso pode ser ampliado, como não se deixou de fazer (menos brilhantemente que G. Freyre) para toda a América espanhola. "A miscibilidade, mais do que a mobilidade, estabeleceu o processo pelo qual os portugueses compensaram sua deficiência em massa ou em volume humano para a colonização em grande escala e em áreas muito extensas. Para tanto eles haviam sido preparados por uma íntima convivência, uma troca social e sexual com as raças de cor invasoras ou vizinhanças da península, e dentre as quais uma, a de fé islâmica, era superior do ponto de vista técnico, intelectual e artístico, à raça dos cristãos loiros. O longo contato com os sarracenos deixará no espírito dos portugueses a figura ideal da "mourisca encantada", tipo delicioso de mulher morena de olhos negros, envolvida em um misticismo sexual, — sempre vestida de vermelho, ou penteando seus longos cabelos, ou banhando-se em rios e nas águas de fontes misteriosas —; os colonizadores acreditaram encontrá-la, semelhante se não idêntica, nas índias nuas, de cabelos soltos, do Brasil. Acaso elas também não tinham os olhos e os cabelos negros, o corpo moreno pintado de vermelho, e, como as nereides mouriscas, não gostavam loucamente de refrescar sua nudez ardente na corrente dos rios, de pentear seus cabelos? Além do mais eram gordas como as mulheres mouras. Apenas menos esquivas: prontas, por um colar ou um pedaço de espelho, a se entregar, abrindo as pernas, aos *caraíbas* ávidos por mulher..." Isto é tão bem falado, que o tema da "fraternidade das raças" na América, se tornou um lugar comum. Racismo na América Latina? Ora! Basta observar o fenômeno da mestiçagem para perceber que não houve nem sombra de preconceito racial. Que seja. Entretanto é válido conservar algumas dúvidas. Primeiramente (sem insistir no fato de que um verdadeiro delírio erótico dominou os conquistadores e que não seria, absolutamente, exagerado acrescentar o sexo ao "ouro" e à "glória", dentre suas motivações mais poderosas), talvez seja necessário lembrar que esta fraternidade das raças só se manifestou ao nível das relações sexuais. Quanto ao resto, um rigoroso sistema de profilaxia social foi instalado por toda a América a fim de estabelecer um verdadeiro cordão sanitário entre as diferentes etnias: interdição de acesso aos empregos públicos; interdição de ser ordenados padres; interdição (salvo casos excepcionais) de portar armas etc.: será que ainda podemos falar em fraternidade de raças? Mas o preconceito não se restringe aos índios, atingindo também os mestiços. A prova está no fato de que Fernão Cortés, tendo tido um filho da Malinche, tratou de conseguir, por uma bula papal de 16 de abril de 1529, que esse filho fosse "legitimado" como branco. É em razão dessa bula que Martín Cortés poderá obter, com a idade de seis, sete anos, a investidura de cavaleiro da ordem de Santiago. Certamente não se trata de um único caso; outras crianças mestiças, filhas de *grandes* conquistadores serão "branqueadas", pois trata-se de "homens de bem que não se deve chamar de mestiças". Mas no conjunto — como diz um documento de 1567 — esses mestiços "são pessoas que, com o tempo, se tornarão perniciosas e perigosas". O abandono dos tabus raciais com respeito aos índios se manifesta também e conhecemos os casamentos de índias com espanhóis, até mesmo com grandes conquistadores. Todavia essas uniões, já o dissemos antes, são, em geral, de muito curta duração. Certamente não faltam uniões estáveis, mas trata-se de casamentos de espanhóis com indígenas de alta linhagem, as filhas de Montezuma ou de Ataualpa, por exemplo...

Tais exemplos de tolerância são apenas uma prova *a contrario* mais evidente de uma intolerância maciça, generalizada, na qual as aberturas eventuais só se faziam em nome da ligação com as mais altas classes sociais.

Fornicação generalizada, sim, mas quanto ao resto, formação de uma sociedade fortemente fechada, na qual os preconceitos raciais criam discriminações de ordem social e econômica.

Esta qualidade dos conquistadores de mostrar uma abertura de espírito tão larga no que diz respeito às relações sexuais, mas uma impermeabilidade tão absoluta quanto às relações sociais, não deve nos espantar. É apenas uma das inumeráveis contradições que o mundo ibérico revela a todos que dele se aproximam com atenção.

Um elemento de importância, por suas conseqüências, é o mito poderoso do papel da Espanha na construção do Novo Mundo. Na América tudo foi importado: princípios de urbanismo, princípios administrativos, sistemas político e econômico, até os nomes das províncias espanholas dados às regiões americanas; tudo parece mostrar uma vontade desesperada de ligação com a mãe-pátria, mas uma ligação complexa, como prova o sentimento de desprezo que os conquistadores já enraizados têm com relação a qualquer pessoa recém-chegada. Este fenômeno precoce se tornará cada vez mais claro. Assim essa pátria longínqua será, ao mesmo tempo, objeto de amor e de ódio ou de ódio e de inveja. A Espanha longínqua representa para as conquistadores o símbolo de um fracasso, visto que eles partiram, não apenas por espírito de aventura, mas com o objetivo de *"valer mas"*, conseguir mais dinheiro e glória também... Gostariam de desfrutar esta conquista não na América, mas na metrópole... Além do mais, salvo raras exceções, os conquistadores não enriqueceram; adquiriram grandes extensões de terra, exercem sua autoridade sobre os índios escravizados, e se acham garantidos por um estatuto de "rico americano". Mas não se transportam nem terra nem homens; abandoná-los significa, pois, perder suas riquezas. Voltar significa freqüentemente reencontrar uma situação da qual se tentara fugir. Acrescente-se a isso que, mesmo se foi possível acumular alguma riqueza e voltar à metrópole, a acolhida reservada ao "indiano", termo carregado de desprezo, não é muito calorosa. Basta pensar em todos os esforços, aliás coroados de sucesso, que Fernão Cortés teve que empreender para ser aceito pela alta sociedade madrilenha por ocasião de seu retorno à Europa, e para não parecer um *nouveau riche*. Mas para um Cortés, quantos conquistadores viram consagrar, sob a luz da Espanha, a nobreza e a riqueza conquistadas na América? Assim, não há de que se espantar com esses sentimentos e relações ambíguas entre o mundo americano e a metrópole. Como então não compreender a decepção dos conquistadores que viram funcionários recentemente chegados da Espanha ocuparem progressivamente os postos administrativos mais importantes nas terras que eles haviam conquistado, e de cuja autoridade eles eram privados? Não existe um só estado em que não se possa perceber uma ruptura interna; país "real" e país "legal" são expressões das quais se servem na maioria das vezes para explicar essa ruptura. Ora, na América ibérica, essa ruptura atinge proporções extraordinárias e em vários níveis: ruptura entre o mundo indígena e o mundo branco, fissura no interior do próprio mundo branco, que não constitui absolutamente uma unidade compacta. Estas falhas que se podem encontrar no interior de qualquer classe dirigente no mundo americano, parecem também dividir dois grupos: os conquistadores, que constituem a aristocracia local, por um lado e por outro, os administradores, do vice-rei aos juízes, representando, eles também, uma espécie de aristocracia, mas ligada — ao menos quanto a *uma parte* de seus interesses — a Madri. Os acordos entre as duas partes são freqüentes quando se concluem em detrimento dos indígenas; menos freqüentes quando se trata de equilibrar situações locais e situações ao nível imperial. O desacordo não constituía, simplesmente, um debate de ordem política, mas se concretizava em reais oposições de interesses. Já o assinalamos a respeito das *encomiendas*. Mas ainda a respeito destas, será necessário assinalar que o combate não terminou com a vitória dos encomenderos; a vitória podia parecer provisória visto que as encomiendas eram atribuídas por uma ou duas gerações. A luta, a oposição, o contraste — entre os que denominaríamos, de bom grado, poderes espanhóis na América e os encomenderos — não podiam se extinguir antes que a exigência dos últimos para obter as *encomiendas* sob concessão perpétua tivesse sido satisfeita, se não de direito, ao menos de fato.

Se tivesse sido concebida a idéia de criar uma ordem, uma distinção cavalheiresca dos conquistadores que tinham direito, realmente, estes não deveriam ser mais de 4 ou 5 000, no máximo.

Stricto sensu, é este pequeno número de pessoas que conquista e organiza as Índias. Aspecto extraordinário do empreendimento, não apenas na fase militar, que por uma série de razões que tentamos demonstrar, foi menos difícil do que os historiadores partidários do heroísmo desejaram fazer crer — mas, ao nível da conquista propriamente dita, na luta contra a natureza, contra os elementos, contra o desconhecido. Luta e vitória imediata, magnífica, cujos sinais mais evidentes nos são revelados pelos relatos dos conquistadores. É surpreendente ver como esses homens grosseiros, iletrados, são capazes de alcançar verdadeiros auges literários. Eis um exemplo muito significativo. Na Europa, os cronistas são, no fim do século XV e durante todo o século XVI, uma espécie de historiadores próximos da esclerose e do desaparecimento. A crônica morre, a história vive. Por outro lado, este gênero sobreviverá na América, mas não se trata de uma sobrevivência forçada, artificial: de uma legibilidade extrema, de um interesse apaixonante, vivo, tudo está reunido para fazer destas páginas de crônica tanto fontes históricas de primeira ordem como livros de aventuras apaixonantes. A razão, sem dúvida, é o dinamismo que sustenta os acontecimentos contados pelos cronistas, um sopro épico animando qualquer relato. Mais americanos que espanhóis, esses relatos são estimulados, exaltados, por um mundo americano e não espanhol. Basta tomar como exemplo as *"cartas de conquista"* de Pedro de Valdivia: não faltam descrições de batalhas, mas o que alcança verdadeiramente a grande literatura são as passagens que relatam os combates contra a natureza, contra tudo o que é "outro", estrangeiro.

Pode-se afirmar que a luta mais patética, a mais dura e a mais obscura também, é a que os conquistadores empreenderam para fazer de sua conquista um sistema. Lutas intestinas, primeiramente; depois, luta contra os oficiais reais, que brandirão as armas mais temíveis: as leis. Se estas não triunfam infalivelmente, elas constituem um obstáculo considerável para a manifestação da vontade de organização dos conquistadores. Alianças de interesses se formaram, mas permaneceram muito negativas no desenvolvimento posterior das estruturas sociais, econômicas, administrativas das Índias. Para uma vantagem a curto prazo, quantos entraves a longo prazo...

O "Estado" que se forma nos países da América é fraco, dominado por um número incrível de contradições, de interesses contrastantes que dificilmente chegam a encontrar um equilíbrio. Este "equilíbrio", de resto, é menos a resultante de um componente de forças do que a manifestação de uma soma de fraquezas. A herança da conquista será difícil de carregar.

CAPÍTULO III

A Herança da Conquista

Em 1556, visto que disposições reais proibiam o uso das palavras *conquista* e *conquistadores,* são estas substituídas por *descobrimento* e *colonos*...

Testemunho duplamente interessante. Em primeiro lugar, poderia indicar que o Estado espanhol talvez pensasse que não era caso para vangloriar-se da conquista e de seus atores... A confissão é enorme. Mas isso não é tudo. Correu o boato, durante os anos 70 do século XVI, segundo o qual Carlos V teria decidido, por volta de 1540, abandonar o Peru (e até mesmo toda a América), considerando que os soberanos cujos territórios ele acabava de ocupar, eram soberanos legítimos, e que ele, Carlos V, se encontrava na posição de usurpador. Ficou provado que tais arrependimentos nunca preocuparam realmente Carlos V, mas é importante assinalar que semelhante boato pôde se espalhar: acaso não traduzia a "má fé" que lentamente se introduzia entre os grupos mais sensíveis aos problemas de toda espécie criados pela conquista?

Outro aspecto importante do texto de 1556 está no fato de parecer indicar, quase ordenar, o fim da conquista: o essencial da América está ocupado, inserido num sistema. A partir desse momento, não há mais nada para conquistar, apenas terras descobertas para colonizar. A *pax hispanica* triunfa.

Será que os problemas são assim tão simples? A conquista acabou verdadeiramente? A fase de colonização é verdadeiramente diferente da conquista? Na altura de 1556, dar um corte deste tipo na história do Novo Mundo corresponde verdadeiramente a uma exigência científica, à realidade? Ou pode-se dizer que os traços fundamentais imprimidos à sociedade, à economia americana durante a primeira metade do século XVI, continuaram a marcar essa economia, essa sociedade? E os conquistadores, realmente desapareceram depois da metade do século XVI, ou a conquista prolongou-se através dos séculos até os nossos dias? Esta visão responde apenas a um grande desejo de uma concepção histórica que procura unir a todo custo o passado e o presente? Existe, ao contrário, um fundamento racional para tais suposições? É o que desejaríamos tentar mostrar (e, se possível, demonstrar) nas páginas seguintes.

Se a conquista acabou em 1556, como devemos chamar os homens que, em 1580, fundam pela segunda vez Buenos Aires e ocupam progressivamente os Pampas argentinos? Progressivamente significa — no caso particular da Argentina — até grande parte do século XIX. E como chamar os homens que ocuparam as terras do extremo sul do Chile no fim do século XIX e no começo do século XX? Certamente as condições não são idênticas às da conquista da primeira metade do século XVI. Idênticas, não; mas sem dúvida comparáveis. As diferenças quanto à intensidade do fenômeno estão, por exemplo, no século XX, na desproporção esmagadora entre as armas empregadas pelos brancos e as de que dispunham os indígenas. Entre a espingarda de repetição, o revólver, a metralhadora, em certos casos, o avião e os meios da guerra bacteriológica, de um lado, e o arco e flecha e algumas velhas espingardas, do outro, a distância é enorme. Entre 1871 e 1947, o número de índios fueguinos passou de 7 000 ou 9 000 a, mais ou menos, 150. Uma primeira explicação (dada pelos historiadores assim chamados objetivos e científicos) é a das lutas internas entre as diferentes tribos. Certamente essas lutas foram mortais. Mas não devemos esquecer que, se tais lutas aconteceram, foi devido ao fato de que uma tribo, atacada e rechaçada pelos brancos, é *obrigada* a invadir território pertencente a outra tribo: daí a guerra. Quando um certo equilíbrio pode se restabelecer entre os sobreviventes dessas duas tribos, novas pressões brancas se exercem, provocando a fuga dos índios para outros lugares, acarretando novas guerras... As doenças infecciosas desempenham também um papel exterminador, ainda mais nefasto na medida em que elas atingem, como vimos mais acima, populações que não têm nenhuma imunização natural contra doenças "brancas": do resfriado mais simples até a escarlatina. Mas há ainda as *"matanzas"*, as matanças. Tais matanças não são fruto de uma deliberação abstrata. Elas tomam o aspecto (mas nada além do aspecto) de um raciocínio lógico: o Estado concede terras a particulares (por exemplo, à Sociedad Explotadora de Tierra del Fuego, 1 700 000 hectares, o equivalente a quase 60% da Bélgica). Aí vivem índios e gado, guanacos sobretudo. A sociedade (ou o particular) que obteve o terreno sob forma de concessão, começa por livrar as terras do guanaco. A primeira *"matanza"* é à do guanaco, o que se faz necessário visto que se quer introduzir carneiros nessas terras. Mas o guanaco constitui a base da alimentação do índio. Assim ele é *obrigado* a matar carneiros, tornando-se um ladrão... *Portanto* passa a ser legítimo matá-lo. Caçadores de índios se encarregarão disso, como demonstra a estória de N. N. e de seu neto X. X., admiravelmente contada por Alejandro Lipschutz. O nome da família desses dois sinistros senhores (X. X. ainda estava vivo em 1957) é conhecido, e não o dizemos, pela simples razão de que se trata de um nome inglês muito conhecido, levado à região por outras famílias sem laços de parentesco com os dois "caçadores".

Será que ainda se pode dizer que a conquista acabou em 1556? História de ontem, história de há quatro séculos, história de hoje. A imprensa internacional relatou, durante o ano de 1968, o massacre dos índios da Amazônia pelo... Serviço de Proteção aos Índios..., e por obra de sociedades e de pessoas desejosas de ocupar os locais que serviam de último refúgio para os índios. O mecanismo empreendido para a exterminação dos indígenas é semelhante ao que pudemos ver a propósito do Chile no fim do século XIX. Simplesmente, os processos alcançam agora uma certa "perfeição", graças aos meios técnicos atuais: rajadas de metralhadora e bombardeios aéreos, distribuições de alimentos e de roupas previamente infectadas de micróbios, bombons envenenados. No dia 14 de setembro de 1969, três antropólogos escandinavos denunciavam às Nações Unidas a exterminação dos índios do Peru, da Venezuela e da Colômbia. Apelo inútil... Em março de 1969, a Sociedade dos Americanistas de Paris comove-se com o destino das populações indígenas da Guiana Francesa. Nenhuma resposta... Na Colômbia, os frades capuchinhos escravizaram, e assim mantêm, milhares de índios do vale de Sibundoy, na região de Putumayo, ao sul do país. É bem verdade que na mesma época, o cardeal Lercaro batizava, em 21 de agosto de 1968, dezessete índios Motilones e Cunas...

Isto foi escrito, não para provocar sentimentos de indignação nem para ironizar facilmente a obra da evangelização, mas para mostrar que certas constantes que existem na América desde o século XVI — desde a conquista —, persistem ainda hoje, até mesmo enriquecidas de variantes muito complicadas. A razão disso deve ser vista, não no fato de que os brancos são "malvados" e os índios todos "bons", como cordeiros prontos a se deixarem estrangular. Mais uma vez — hoje como ontem —, o problema não é o da bondade ou maldade, mas do contraste entre forças de dois tipos de economia, e portanto de sociedades, estruturalmente diferentes... Basta construir uma estrada atravessando uma floresta virgem, para que todo o equilíbrio da população indígena, — em suas relações com a natureza — fique comprometido e, isto, mesmo que se construa a estrada sem causar violência à população. *Tudo é agressão,* voluntária ou involuntária. Involuntária, seguramente, é a agressão que o cardeal Lercaro exerce contra dezessete índios. Involuntária também, a agressão que o jesuíta João Calleri — pessoa absolutamente respeitável em todo sentido — realizou durante vários anos de suave evangelização. Que a evangelização do R. P. Calleri na Amazônia foi suave, é indiscutível; mas o fato importante é que ele, sem querer, abria caminho para os assassinos... O Padre Calleri foi morto em 31 de outubro de 1968, juntamente com dez outros componentes de sua missão, por índios que ele queria converter *antes* da chegada dos técnicos e dos operários encarregados de construir uma estrada na região. Morte trágica e injusta. Mas a estrada foi construída e não se tem notícias dos índios... O fim destes últimos não deve ter sido menos trágico e menos injusto.

Podemos sustentar que a conquista de hoje (como a do século XIX) se baseia em relações feudais? Ou será necessário recorrer a critérios novos? Estas questões nos introduzem ao centro do problema do que se deve verdadeiramente entender por *herança* da conquista.

Indicamos mais acima que os conquistadores veicularam, na conquista e na organização do Novo Mundo, numerosíssimos princípios, valores, características do mundo espanhol e europeu da Idade Média. O primeiro de todos foi o feudalismo. Mas enquanto isso, o feudalismo morreu na Europa. Outros princípios o sucederam, especialmente um: o capitalismo. Deixemos de lado o fato de que esta sucessão foi muito mais tardia do que crêem e fazem crer os historiadores que estão constantemente à procura de "precedentes" e de "origens". O verdadeiro problema não se acha aí, mesmo se for preciso lembrar que para poder falar em capitalismo, é necessário *ao menos* que haja um mercado generalizado da mão-de-obra fundamentado no salário... O fundamental no nosso caso é que, no momento do primeiro contato do capitalismo europeu com o mundo americano, ele não teve, como não tem ainda hoje, nenhum interesse em modificar o sistema de produção americano apoiado na escravidão dos negros ou no trabalho forçado dos índios. Tudo o que se limitou a fazer, foi criar pequenos enclaves onde se dá o encontro (será preciso dizer: o confronto?) entre um sistema de produção baseado na economia natural e um sistema de distribuição comercial baseado em critérios não feudais (digamos, para não complicar a questão: critérios de capitalismo comercial). Um dos exemplos mais esclarecedores que se possam dar desses enclaves, é, sem dúvida, Buenos Aires. O grande porto do Rio da Prata exporta, no final do século XVIII, aproximadamente um milhão de peles de vaca por ano. Magnífico. Mas, para quem quiser fazer um julgamento crítico sobre o fenômeno, o interesse não está em se deixar ofuscar pelo magnífico. O que se deve fazer, é definir que tipo de relações de produção permitiu a produção desse milhão de peles. Primeiro ponto de abordagem: uma pele custa, em média, nove réis*; uma vaca em pé, oito réis. Quer dizer que o preço de uma pele é superior ao do animal inteiro... Isso nos mostra que não há comercialização da carne... Concolorcorvo nos fez, em seu admirável *Lazarillo de los ciegos caminantes,* um retrato magnífico dos cachorros de Buenos Aires que não se mexem nem um centímetro diante dos pedaços de carne que caem no chão... Mas a carne não é comercializada porque não há criação de gado. Os animais são *"cimarrones",* vagabundos, e tudo o que é preciso fazer, uma vez por ano, é reuni-los, matá-los e esfolá-los. E isto introduz um outro conceito importante para mostrar até que ponto as condições da primeira conquista foram perpetuadas, apesar das aparências. Se tal criação se reduz a uma espécie de caça de vacas uma vez por ano, é porque a terra em que vivem não tem valor algum. Pode-se realmente dizer que a terra — salvo raras exceções — não tem valor. Pode-se objetar que tais operações de caça, de matança e de esfolamento de um milhão de vacas requer, apesar de tudo, muito trabalho. Precisa-se de homens para reunir o gado, para abatê-lo, para tirar-lhe a pele: portanto, pode estar havendo mercado de trabalho, salários, economia monetária, ao menos naqueles níveis. Mas não. E é interessante constatar que mesmo face a regulamentações (marcas de propriedade, proibição de matar vacas prenhes etc.) que tendiam a propiciar formas verdadeiras de criação assiste-se — por outro lado — à afirmação cada vez mais marcante de formas não monetárias de pagamento do trabalho.

(*) *Real* — moeda espanhola, valendo um quarto de peseta. (N. da T.)

Na verdade, é fácil constatar que o pagamento dos homens que se encarregavam de caçar o gado, é regularmente efetuado em couros que eles se acham obrigados a vender — a preço mais baixo — aos próprios proprietários do gado...

Um caso extremo, dirão. Sem dúvida. Será preciso então olhar de perto qual foi a evolução geral da organização do trabalho na América. E tomemos o caso mais positivo, o mais favorável: o México. É, sem dúvida, na Nova Espanha que a evolução do regime de trabalho tomou o aspecto mais "liberal" de todo o Novo Mundo. Quer dizer que no México, mais do que em outros lugares, foi aplicada a disposição real de 22 de fevereiro de 1549 que suprimia os serviços pessoais dos índios e restringia as encomiendas ao seu único papel de percepção dos lucros em espécie ou em dinheiro. Houve, portanto, a partir da segunda metade do século XVI, a possibilidade — indireta mas assim mesmo real — de formação de um mercado de mão-de-obra assalariada. Até que ponto tal possibilidade se concretizou? Muito pouco, se a realidade das situações for examinada. A intenção das disposições reais é seguramente criar um mercado de trabalho livre e assalariado. Mas as instruções da Coroa dadas ao vice-rei Velasco já prevêem que caso os índios não quisessem trabalhar — livremente e com salário — nas terras dos colonos, era permissível obrigá-los. Primeira falha no sistema, pois, os índios serão rudemente forçados ao trabalho. Será oportuno abrir um parenteses aqui. Por que os índios não queriam trabalhar? A questão está mal colocada e pode nos conduzir ao lugar comum do "índio preguiçoso" (e, depois, ladrão...). De fato, o índio não quer trabalhar porque acha que não tem necessidade de produzir um esforço superior ao que está habituado a produzir *no quadro de sua civilização* (= *Economia* + *Sociedade*) *ancestral*. É absolutamente incompreensível que ele tenha de trabalhar mais (ou simplesmente integrar-se completamente na estrutura produtiva de uma unidade de trabalho diferente da de sua própria comunidade). É por essa razão que entre a procura de mão-de-obra exigida pelas necessidades dos brancos e a oferta representada pelas massas indígenas, surge uma distância. O Estado, com o desejo exclusivo de satisfazer os interesses privados, oferece a possibilidade de reequilibrar a situação obrigando os índios a trabalhar.

É claro, dir-se-á, eles receberão de agora em diante um salário pelo seu trabalho, mas, ainda uma vez, esse salário será puramente formal. Na verdade, um mecanismo particular, — o do endividamento — será rapidamente posto em ação. Primeiro, para obrigar os índios a continuar a trabalhar, e depois, a trabalhar praticamente sem salário, uma vez que as dívidas em sua maioria, se não em sua totalidade, jamais são contraídas em dinheiro, mas em gêneros alimentícios. O endividamento se torna assim um instrumento de fixação à terra para uma importante massa de homens. Não é permitido afastar-se de uma zona determinada e nem mesmo prestar serviços a um outro proprietário da mesma zona, enquanto estiver endividado. O endividamento acaba por representar o caráter verdadeiro da economia imposta pelos descendentes dos conquistadores.

Corre-se o risco de cair em uma contradição colossal: se reconhecermos que a conquista deixou de herança para a "colonização" um sistema senhorial fortemente marcado de feudalismo as coisas ficarão claras; se insistirmos em encontrar traços capitalistas no interior dessa sociedade colonial não se poderá negar a imensa contradição representada por esse pretenso capitalismo que não incluiu a moeda no mercado de trabalho e nem no mercado, simplesmente... E ainda o caso do México é um caso particular em que a evolução foi das mais favoráveis. Se passarmos para o Peru, a situação é mais sombria, ainda. Basta indicar que no México as obrigações de trabalho para os índios se limitavam — ao menos de direito — a um período de quatro, cinco semanas por ano e deviam se realizar sempre nos lugares da residência habitual, enquanto no Peru elas eram de vários meses e os índios deviam, às vezes, percorrer várias centenas de quilômetros para chegar ao local em que deveriam prestar seu serviço. Mesmo se não quiser nos atribuir importância ao fato de que durante 250 anos, só na mina de Potosi, morreram alguns milhões de índios, é mais importante observar, aqui, que o conjunto da economia americana continua, embora os anos da verdadeira conquista já tenham passado, sob a égide dos mesmos princípios que haviam regido a economia fundada pelos conquistadores. Ao nível da análise econômica, é totalmente marginal e desinteressante saber que as formas jurídicas das relações de trabalho mudaram, ou evoluíram, se, *na realidade,* as relações permaneceram as mesmas. Aliás, por que deveriam mudar? E como poderiam mudar? Isso exigiria uma evolução de toda a estrutura do Estado indígena; uma mudança da sociedade inteira; uma mudança da sua Igreja...

Ora, nada mudou. E se houve mudança, muito freqüentemente foi para pior. Um exemplo: a Igreja. Ela desempenhou um papel incontestavelmente negativo durante todo o período da "primeira" conquista. Assinalamos na primeira parte desta exposição: evangelizar essas populações, significa de fato — inconscientemente, apesar da melhor das intenções — torná-las ainda mais vulneráveis à agressão geral de que eram objeto. Isto posto, é necessário reconhecer que nos primórdios da conquista, o clero em sua maioria, defendera a causa dos índios. Eram essencialmente as ordens dominicana e franciscana que estavam encarregadas dessas conversões e dessa defesa. Mas, a partir dos anos 70 do século XVI, com a chegada do clero secular, uma mudança, desta vez profunda, se produziu: a avidez, a desonestidade, a leviandade do clero secular não permite mais comparação com a conduta das ordens encarregadas da evangelização, apesar da ação exemplar de certos membros. A obra dessa minoria merecedora nunca chegou a compensar, a equilibrar, as destruições realizadas pelo maior número.

No que concerne ao Estado, as considerações não podem ser diferentes. Houve, sem dúvida, ampliação, multiplicação, complicação das tarefas que o Estado estabelecido na América devia assumir. Era inevitável. Dia após dia, as tarefas se somaram umas às outras: donde uma máquina extremamente complexa que inutilmente se tentou simplificar durante o século XVIII. Os resultados foram muito modestos, o que também era inevitável. A complexidade da máquina administrativa era, na verdade, resultado da transposição da máquina administrativa hispânica conservada do mesmo modo na América. Por outro lado, essa complexidade era, também, resultado do fato da imbricação dos interesses particulares e dos interesses reais do Estado se tornar, progressivamente mais complexa e mais vasta. O Estado multiplica suas tarefas, mas não tem nenhuma vantagem. Cria-se assim (perpetua-se desde a primeira fase da conquista) uma enorme distorção na configuração da administração gerada, na sua maior parte, por homens que chegam da metrópole (com interesses diferentes e em contradição com os interesses locais) e que devem, apesar de tudo, entrosar-se com a situação local. Os velhos contrastes que haviam caracterizado as relações entre a Coroa e os conquistadores prosseguem com a diferença de que, agora, terminam em compromissos entre as exigências opostas dos administradores espanhóis e de ricos *"criollos"* sem que apareça, como cenário, um debate ideológico com a força do que opusera Las Casas e Sepulveda. A realidade é a mesma, mas mais medíocre.

Será que o historiador pode tentar fazer um "julgamento"? Pode "tomar partido"? Questão inútil, já que sempre se julga e sempre se toma partido... mas existe hipocrisia em tomar partido em silêncio e a honestidade em confessá-lo... Calar-se não significa dar provas de objetividade; significa simplesmente conservar alguns na ignorância e levar outros a fazer de conta que não entendem. Talvez possam criticar estas páginas de ter feito "lenda negra", mas esconder os motivos da "lenda negra" não será uma maneira de fazer "lenda cor-de-rosa"?

Além das preocupações morais, há um outro nível de raciocínio que é extremamente importante. É um julgamento geral sobre o mundo criado pela conquista. Quer ele seja grande, importante, épico mesmo, como contestá-lo? Mas, será que um historiador não tem o direito — e até mesmo o dever — de ir além de uma simples constatação? Será que ele não deve tentar ir além dos "fatos" que se lhe apresentam para buscar uma argumentação mais profunda e talvez mais verdadeira da que pode extrair do simples acontecimento? Será que ele não pode julgar se o preço pago é proporcional ao resultado obtido? Se tal direito lhe for assegurado, ele poderá dizer, então, que os conquistadores criaram, em uma base seguramente épica, as premissas de um mundo frágil, doentio, corroído. Que grandes e magníficas cidades tenham sido construídas, como negá-lo? Que escolas de pintura como as de Cuzco e Quito tenham produzido obras dignas de figurar nos maiores museus do mundo, como contestá-lo? Que formas culturais de grande valor tenham surgido do mundo americano, como esquecê-lo? Mas que tudo isso tenha custado um preço exorbitante é uma realidade que ninguém pode omitir. Ainda seria possível dizer que é difícil estabelecer o *preço* de uma civilização em termos de valores *materiais;* mas aí se observará que ao simples nível dos bens materiais, a conquista lançou certas (apenas certas) premissas de um sistema econômico do qual todos os defeitos, as inconsistências, as contradições ainda hoje são flagrantes. O fracasso dos conquistadores também se faz sentir no nível social e econômico.

SEGUNDA PARTE: ELEMENTOS DO DOSSIÉ E SITUAÇÃO DA QUESTÃO

DOCUMENTOS (1)

1. Uma profecia maia.
2. A profecia se realiza.
3. Descrição de um cerco.
4. O rei e seus direitos.
5. Avaliação do tesouro de Ataualpa.
6. A legislação humanitária sobre o trabalho dos indígenas não é bem recebida nas Índias.
7. Divide-se a terra...
8. ... e os homens.
9. Os conquistadores apresentam pretensões em nome das tradições.
10. Conquista difícil e conquista fácil.
11. Deslocamentos de populações indígenas e suas conseqüências.
12. Uma cidade abandonada...
13. Somos obrigados a comprar escravos negros a alto preço.
14. Mata-se com a consciência limpa.
15. Matam-se mutuamente. E cada um se considera a parte boa.
16. A recusa da "verdadeira" religião... e suas conseqüências.
17. Uma nova cidade e sua evolução: Panamá.
18. As brigas entre cristãos.
19. A heresia no Novo Mundo.
20. Língua e império: a língua do vencedor.
21. Língua e império: a língua do vencido.
22. As novas plantas: a coca.
23. A boa fé da aculturação.
24. Uma "pequena" conquista nos séculos XIX e XX.
25. Três opiniões sobre os bárbaros.

(1) Sempre que foi possível, nesta coleção de *Documentos*, assim como nos *Julgamentos dos contemporâneos*, que vem logo depois, recorri a traduções francesas do século XVI de textos espanhóis e portugueses. Quanto aos documentos que traduzi do espanhol quero agradecer insistentemente a Sra. N. Randles pela ajuda que me prestou; quanto aos erros eventuais que puderem ser levantados, deles me considero o único responsável.

Documento 1:
UMA PROFECIA MAIA TERIA PREVISTO A CHEGADA DOS BRANCOS.

A terra queimará e haverá grandes círculos brancos no céu. A amargura surgirá e a abundância desaparecerá. A terra queimará e a guerra de opressão queimará. A época mergulhará em graves trabalhos. De qualquer modo, isso será visto. Será o tempo da dor, das lágrimas e da miséria. É o que está para vir.

(Livro de Chilam Balam de Chumayel, trad. de B. Perret, p. 125.)

Documento 2:
A PROFECIA SE REALIZA.

Durante o *katún treize Ahau*, chegou pela primeira vez em Campeche o barco dos *Dzules*, brancos. Mil quinhentos e quarenta e um foi o ano em que isso aconteceu. E com eles, veio o tempo em que os homens maias ingressaram no cristianismo. Eles fundaram uma aldeia em *Tantun Cuzamil*, e lá permaneceram cerca de meio ano. E eles se foram pela 'Porta d'água", em direção ao ocidente. Isso aconteceu quando do o tributo apareceu para os *Cheles*, do Ocidente. Era o ano de 1542.

Eles fundaram a região de *Hoó, Ichcaansihó*, durante o *katún onze Ahau*. Seu primeiro chefe foi don Francisco de Montejo, governador, que deu suas aldeias aos brancos, "homens de Deus", durante o ano em que os padres chegaram, quarenta anos após a chegada dos brancos. Começou a "entrar água na cabeça dos homens". Os padres se estabeleceram e distribuíram-se aldeias para eles.

(Livro de Chilam Balam de Chumayel, trad. de B. Perret. p. 185.)

Documento 3:
DESCRIÇÃO DE UM CERCO.

E tudo isso nos aconteceu. Nós vimos. Ficamos admirados:

Vimo-nos atormentados por esse destino
triste e digno de lamentações.
Pelo caminho jazem dardos quebrados;
os cabelos estão espalhados.
As casas perderam seus tetos,
e vermelhas são suas paredes.

Os vermes pululam pelas ruas e praças,
e as paredes estão manchadas de restos de cérebro
Vermelhas são as águas, como se tivessem sido tingidas,
e se as bebêssemos, seria água de salitre.
Em nossa ansiedade batíamos nos muros com tijolos
e nos restava de herança uma rede esburacada.
Nos escudos estava nosso último refúgio
mas os escudos não podem acabar com a desolação.
Comemos galhos de árvores.
Comemos grama salitrosa,
pedaços de tijolos, lagartos, ratos,
e terra reduzida a pó e até mesmo vermes.
Comemos carne mal cozida.
Mal a carne estava cozida,
eles a arrancavam, e a comiam enquanto ela
ainda estava no fogo.

Puseram-nos a preço. O preço do homem jovem, do
padre, da criança e da moça. É o bastante: o preço de um
pobre era de apenas dois punhados de milho; nosso preço
era de apenas vinte *tortillas* de grama salitrosa.

Ouro, jades, ricos casacos, plumagens de quetzal, tudo o
que é precioso, não tinha mais valor.

(Texto anônimo de Tlatelolco.)

Documento 4:
O REI E SEUS DIREITOS SOBRE OS LUCROS DE UMA "*CABALGADA*".

Na cidade chamada Santa María la Antigua de Darién,
no dia 17 de junho do ano de 1518, na chamada *casa de
fundición* [lugar para onde eram levados os metais para
transformá-los em barras de um quilate determinado; não se
trata de casa da moeda] na presença do contador, do con-
trolador e do escrivão das minas previamente indicados, o
capitão Francisco Pizarro mandou fundir para si e para as
pessoas que o acompanharam à província de Micana e outras
regiões circunvizinhas, que eles descobriram desse lado do
Mar do Sul, 512 pesos de ouro de *cabalgada* em moedas tra-
balhadas pelos índios, que haviam sido obtidas e fundidas no
decorrer da dita viagem; resultaram 510 pesos e 4 tominas
de ouro de vinte quilates dos quais, tendo pago a fundidor
cinco pesos e dez grãos e meio de direitos, couberam a Sua
Majestade, como direito do quinto, 101 pesos e 7 grãos e
meio do dito ouro, os quais perfazem um total de quarenta
mil quatrocentos e trinta e um maravedis, que eu, tesoureiro
Alonso de la Puente, recebi e pelos quais fiquei responsável

(M. GÓNGORA, *Los grupos...* etc. pp. 113-114.)

Documento 5:
UMA AVALIAÇÃO DO TESOURO DE ATAUALPA.

Francisco Pizarro mandou pesar o ouro e a prata; depois de havê-los reduzido a um número comum de quilates, resultaram 52 000 marcos de prata e 1 326 500 pesos de ouro. Riqueza enorme e nunca vista, reunida de uma só vez. Couberam ao rei, devido ao seu direito de quinto (quinta parte), cerca de quatrocentos mil pesos. Cada cavaleiro recebeu 8 900 pesos de ouro e 370 marcos de prata; cada infante recebeu 4 450 pesos de ouro e 180 marcos de prata. Aos capitães couberam entre 30 000 e 40 000 pesos. Francisco Pizarro recebeu mais do que todos e, na qualidade de capitão-geral, retirou do tesouro a grande barra de ouro que Ataualpa tinha na sua liteira e cujo peso era de 25 000 castellanos. Nunca os soldados se enriqueceram tanto, em tão pouco tempo e sem riscos... E nunca se jogou tanto, pois vários deles perderam sua parte nos dados.

(F. LÓPEZ DE GOMARA, *Historia de las Indias.*)

Documento 6:
A LEGISLAÇÃO HUMANITÁRIA SOBRE O TRABALHO DOS INDÍGENAS NÃO É BEM RECEBIDA NAS ÍNDIAS.

A maior emoção ocorreu no Peru, porque não havia cidadezinha que não tivesse uma cópia das Ordenanças. Eles começaram a dar o alarme por toda a parte e a unir-se, pondo-se furiosos ao ouvir ler tais leis. Alguns ficavam descontentes com a execução dessas Ordenanças, outros renegavam e todos maldiziam Bartolomeu de Las Casas, que as tinha criado... Os índios se orgulhavam, o que era coisa para se temer muito... Houve algumas pessoas doutas que diziam que não cometeriam nenhuma desobediência nem crime algum, se não obedecessem tais Ordenanças... Diziam ainda que todas essas leis eram injustas...

(F. LÓPEZ DE GOMARA, *Histoire des Indes*, trad. fr. de 1568.)

Documento 7:
DIVIDE-SE A TERRA.

Eu, don Luys de Velasco, em nome de Sua Majestade, vos faço dom (*merced*), Juan de Yvarreta, habitante da cidade do México, de uma propriedade para gado pequeno nos confins da aldeia de Chocamán, nas proximidades de um curso d'água que se chama Xuquilpa. Sob minha ordem e por minha comissão Venito Munoz, *Correjidor* das aldeias de Tequila e Chacultenango, foi ver e viu o dito lugar e tendo realizado todas as diligências e investigações necessárias, declarou que ele está livre de quaisquer direitos e que os índios concordam. E este dom (*merced*) eu vo-lo concedo com a condição de que não acarrete prejuízo a Sua Majestade ou a terceiros.

(F. Chevalier, *La formación*... etc., p. 244.)

Documento 8:

...E OS HOMENS...

Rodrigo de Quiroga, governador e capitão-geral destas províncias do Chile, de Nova Estremadura até o estreito de Magalhães em nome de Sua Majestade etc.

No que diz respeito ao senhor, *"licenciado"* Julián Gutierrez Altamirano, sei que veio da Espanha para as Índias para servir Sua Majestade há vinte e três anos, que foi chefe de campo do Vice-rei Blasco Nuñez Vela, no Reino de Tierra Firme contra a opinião de Gonzalo Pizarro e que em seguida foi para o Peru para servir Sua Majestade com o *"licenciado"* Pedro Gasca contra o acima nomeado Pizarro e que até o momento em que ele foi vencido, preso e morto, o senhor seguiu o estandarte real. Tendo deixado o Peru em paz e calma, ainda a fim de servir [o rei] o senhor veio há mais de quinze anos para esta província do Chile e tomou parte na descoberta, na colonização e na conquista de todas as cidades que ali se encontram, desde Santiago até o último lugar habitado em direção ao dito estreito de Magalhães e em um bom número de cidades o senhor esteve como tenente ou capitão e fez bastantes despesas a serviço de Sua Majestade a fim de lhas conservar. Foi capitão e mestre geral de campo de todas essas províncias e sempre serviu com suas armas, seus cavalos, seus fiéis e seus escravos, com grandes despesas e pondo em grande perigo, risco e insegurança, sua própria pessoa, como habitualmente o fazem e estão acostumados a fazer os cavaleiros *"hijosdalgo"* de sua classe e qualidade, e que como tal o senhor é considerado e julgado. Por isso o senhor se encontra agora muito pobre e endividado por uma grande quantidade de pesos de ouro, por ter trabalhado na manutenção e pacificação dessas províncias. Por tudo isso, pelo que eu disse e por outras razões mais que eu renuncio a expor aqui — que eu conheço bem e todas a seu favor — a título de recompensa parcial do grande número de serviços, trabalhos e despesas, por esta, em nome de Sua Majestade, eu confio (*encomiendo*) ao senhor, *"licenciado"* Julián Gutierrez Altamirano, a tribo denominada Millapoa, com o cacique denominado Reuqueande, os outros caciques, os índios senhores (*principales*) e todos os súditos da dita tribo a fim de que o senhor se sirva deles conforme as recomendações e ordenanças reais e pelas quais o senhor é convocado a trata-los bem, procurar seu aumento, sua conservação e sua multiplicação e doutriná-los em nossa santa fé católica, lei natural e boa ordem. E se demonstrar alguma negligência nessa tarefa, que as conseqüências recaiam sobre sua pessoa e sobre sua consciência e não sobre Sua Majestade ou sobre mim que os confio ao senhor (*encomiendo*). Ao perceber os tributos e outras vantagens dos ditos índios o senhor deve respeitar a ordem e a taxa (*tasa*) que está estabelecida ou será estabelecida. E o senhor deve possuir armas e cavalos e servir Sua Majestade em caso de revolta. E ficará encarregado das pontes e dos caminhos reais que se encontram no interior da dita *encomienda* e deverá fazer tudo aquilo que em nome de Sua Majestade lhe for ordenado.

3 de junho de 1566

(J. T. MEDINA, *Colección de Documentos Inéditos para la Historia de Chile*, t. I.)

Documento 9:

OS CONQUISTADORES APRESENTAM PRETENSÕES EM NOME DAS TRADIÇÕES.

Já falei de nós, os soldados, que partiram com Cortés, e do lugar em que eles foram mortos, e se quiserem saber alguma coisa sobre nossas pessoas [é preciso dizer que] éramos todos "*hidalgos*", mesmo se alguns não possam se valer de linhagem muito clara, pois é bem sabido que neste mundo os homens não nascem todos iguais, nem em generosidade nem em virtude. Mas deixando isso de lado, além de nossa antiga nobreza — com os atos heróicos e os altos feitos que realizamos nas guerras, lutando dia e noite, servindo nosso rei e soberano, descobrindo estas terras e chegando até a conquistar esta Nova Espanha e a grande cidade do México e numerosas outras províncias, estando tão longe de Castela, sem ter outro socorro que o de Nosso Senhor Jesus Cristo, que é o verdadeiro socorro e auxílio — nos enobrecemos muito mais do que antes. E se olhamos as antigas escrituras que falam disso [vemos que] no passado foram cobertos de louvores e elevados à alta posição numerosos cavaleiros, tanto na Espanha como em outras regiões, que serviram nas guerras e em outros serviços úteis aos reis que então reinavam. Notei também que alguns dos cavalheiros que outrora obtiveram títulos de Estado e de nobreza não iam às guerras nem se empenhavam em batalhas sem antes receber soldo e salário e, apesar do fato de serem pagos, eram-lhes dados liberalmente cidades, castelos e grandes terras, e privilégios perpétuos, que seus descendentes ainda possuem. Além disso, quando o rei dom Jaime de Aragón conquistou uma boa parte dos reinos dos mouros, ele os dividiu entre os cavaleiros e os soldados que participaram da conquista, que desde então possuem seus brasões e são poderosos. Também quando se conquistou Granada, e na época do Gran Capitán em Nápoles e do Príncipe de Orange, igualmente em Nápoles, [os reis] deram terras e senhorias aos que os ajudaram nas guerras e batalhas. Lembrei tudo isso a fim de que, se olharmos os bons e numerosos serviços que prestamos ao rei, nosso senhor, e a toda cristandade, e se os mesmos forem colocados em uma balança, pesada cada coisa de acordo com seu justo valor, veja-se que somos dignos e que merecemos ser recompensados como os cavaleiros de quem falei acima.

(B. DIAZ DEL CASTILLO, *Historia verdadera de la conquista de la Nueva España.*)

Documento 10:

CONQUISTA DIFÍCIL E CONQUISTA FÁCIL.

...Eu direi que os índios de Popayan sempre estiveram e ainda estão — sem lei. Nunca houve entre eles senhores que se fizessem temer. Eles são lentos, preguiçosos e — sobretudo — têm horror de servir e ser súditos de quem quer que seja. Razão suficiente para que sempre tivessem temido ser submissos a estrangeiros e ficarem a seu serviço. Entretanto isto não deveria contribuir para que atingissem seus objetivos, pois se fossem forçados pela necessidade, fariam o que os outros fazem. Mas há uma outra causa muito mais importante, é que todas essas províncias e regiões são muito férteis e há por todos os lados, altos maciços, grandes extensões de cana e de outros matos. Se os espanhóis os pressionam, os índios queimam a casa em que moram — que é de madeira e palha — e mudam para uma ou duas léguas dali, ou para a distância que desejarem. Em três, quatro dias, fazem outra casa e, no mesmo espaço de tempo, jogam suas sementes de milho e fazem suas colheitas em quatro meses. Se formos procurá-los lá também, eles abandonam o lugar, vão adiante ou voltam atrás e por toda a parte, encontram terra fértil e pronta a lhes dar seus frutos. É por isso que servem quando muito bem lhes parece e a guerra ou a paz estão em suas mãos e sempre têm o que comer.

Os do Peru, ao contrário, são bons servidores e podem ser dominados, sendo mais razoáveis do que os de Popayan. Foram todos sempre dominados pelos reis incas, aos quais pagaram tributos, servindo sempre e já tendo nascido em tal estado [a servidão]. E se não o quisessem fazer, a necessidade os obrigava porque a terra do Peru é toda deserta, cheia de montanhas e de terras cobertas de neve. Se saíssem de suas aldeias e de seus vales para ir para esses desertos, não poderiam viver, pois a terra não dá frutos fora das cidades e vales em que eles habitualmente moram. De tal modo que, para não morrer, sem nenhuma possibilidade de viver, eles devem servir e não abandonar suas terras.

(P. CIEZA DE LEÓN, *La crónica del Peru.*)

Documento 11:

OS DESLOCAMENTOS DE POPULAÇÃO INDÍGENA E SUAS CONSEQÜÊNCIAS (8 de novembro de 1597).

Don Juan, cacique da aldeia de Clénaga e San Diego, capitão em nosso nome e em nome dos índios nossos súditos, declaramos que vivemos em terras quentes, a oito léguas da cidade, com um caminho tão ruim e difícil, cheio de subidas de modo que não se pode vir da nossa aldeia até a cidade em menos de dois dias... e em assim sendo, às vezes o Administrador dos índios nos mandou guardas que à força e contra a nossa vontade nos levaram para alugar nossos serviços na cidade, retirando-nos de nossas terras quentes e conduzindo-nos para terras frias, e isso ocasionou a morte de vários índios e nós ficamos em tão pequeno número que, se não tomarem providências e se não derem ordem para não nos tirarem de nossas terras quentes, em poucos anos não restará nenhum de nós...

(*Fuentes coloniales para la historia del trabajo en Colombia.*)

Documento 12:

UMA CIDADE ABANDONADA...

A cidade de Zamora e as minas de Nambiza, do distrito daquela, estão cobertas de ouro, como a Biscaia está de ferro, e esse ouro é de mais de vinte quilates. Havia ali uma Caixa real e dos Oficiais reais, mas como os encomenderos destruíram (consumido) nessas minas mais de vinte mil índios que ali havia, e como Deus por causa de seus pecados, lhes enviou de tempos em tempos varíola, rubéola e diarréias, que os destruiu, não deve haver mais de quinhentos índios de diversas idades. Por isso e visto que não há mais ninguém que possa extrair o ouro, abandonou-se essa Caixa e os Oficiais reais, e a cidade está quase totalmente despovoada, pois não ficaram ali nem vinte espanhóis.

(Bravo de Santilles. *Informe* de 1593.)

Documento 13:

SOMOS OBRIGADOS A COMPRAR ESCRAVOS NEGROS A ALTO PREÇO.

O ouro encontra-se nas torrentes, nas areias, nos filões. Há grandes pepitas. A quantidade de ouro que retiramos desta província [Popayan] é muito grande sendo ela toda recoberta de ouro... Não há outro meio para se apossar de um tesouro tão grande, como o que há neste lugar, senão tentar povoá-lo de negros... O ouro extraído servirá para a manutenção e vestimenta dos índios e para o lucro do dono...

Eu digo que os habitantes destas terras falaram comigo várias vezes, a fim de que Vossa Majestade traga Negros para cá, considerando que os índios estão desaparecendo.

(FRANCISCO DE ANUNCIBAY, *Informe* de 1592.)

Documento 14:

MATA-SE COM A CONSCIÊNCIA LIMPA.

O almirante Colombo encontrou, quando descobriu esta Ilha Hispaniola, um milhão de índios e índias... dos quais, e dos que nasceram desde então, não creio que estejam vivos, no presente ano de 1535, quinhentos, incluindo tanto crianças como adultos, que sejam naturais, legítimos e da raça dos primeiros índios... Alguns fizeram esses índios trabalhar excessivamente. Outros não lhes deram nada para comer como bem lhes convinha. Além disso, as pessoas desta região são naturalmente tão inúteis, corruptas, de pouco trabalho, melancólicas, covardes, sujas, de má condição, mentirosas, sem constância e firmeza... Vários índios, por prazer e passatempo, deixaram-se morrer com veneno para não trabalhar. Outros se enforcaram pelas próprias mãos. E quanto aos outros, tais doenças os atingiram que em pouco tempo morreram... Quanto a mim, eu acreditaria antes que Nosso Senhor permitiu, devido aos grandes, enormes e abomináveis pecados dessas pessoas selvagens, rústicas e animalescas, que fossem eliminadas e banidas da superfície terrestre...

(G. F. DE OVIEDO, *L'Histoire des Indes*, 1555.)

Documento 15:

MATAM-SE ENTRE SI E CADA UM SE CONSIDERA A PARTE BOA.

(Os protestantes franceses, depois de terem massacrado os espanhóis na Flórida.) Ó Deus das vinganças, que nada deixas impune... Nós te agradecemos humildemente que hoje tenha sido agradável a ti contemplar-nos, com os olhos de tua bondade e de tua misericórdia, fazendo vingança aos nossos inimigos e aos teus... Pai nosso que estás no céu... e perdoa-nos as nossas ofensas, como nós perdoamos aos que nos têm ofendido.

(AN., *Histoire mémorable... reprise de l'Ile de la Floride*, 1568.)

Documento 16:

A RECUSA DA "VERDADEIRA" RELIGIÃO...E SUAS CONSEQÜÊNCIAS.

Atabalipa [Ataualpa], ardorosamente, respondeu que não queria ser tributário, uma vez que era livre... gostaria entretanto, de ser amigo do imperador que devia ser um grande senhor, visto enviar tantas armas, ao mundo todo. E não queria obedecer o Papa, que dava o que pertencia a outrem. Quanto à Religião, disse que a sua era muito boa e que se dava muito bem com ela, que não queria e que também não lhe convinha colocar em discussão e controvérsia uma coisa aprovada há tanto tempo. Dizia, além disso, que Jesus Cristo estava morto, mas que o sol e a lua não morriam, e perguntava ao monge como é que ele sabia que o Deus dos cristãos havia criado o mundo. Frei Vicente lhe respondeu que este livro o contava e assim dizendo, deu-lhe o seu breviário. Atabalipa pegou-o, abriu-o, olhou-o de todos os lados e o folheou. Dizendo que o livro não falava palavra alguma sobre o assunto, jogou-o ao chão. Frei Vicente apanhou seu breviário e foi até Pizarro, gritando: "Ele atirou os Evangelhos ao chão. Vingança, Cristãos! Atirem!"

(F. López de Gomara, *Histoire Générale des Indes*, 1568.)

Documento 17:
UMA NOVA CIDADE E SUA EVOLUÇÃO: PANAMÁ.

E já que devo falar da fundação de várias cidades, começo por considerar se Didon por ter fundado Cartago; Rômulo, Roma; Alexandre, Alexandria, conseguiram com essas fundações memória perpétua e glória, tanto mais e com mais justiça serão perpetuadas durante os séculos vindouros, a glória e a reputação de Sua Majestade, em nome de quem foram fundadas, neste grande Reino do Peru, tão numerosas e ricas cidades, onde Sua Majestade outorgou aos diferentes povos as leis sob as quais eles vivem pacificamente e em tranqüilidade. E visto que, além das cidades que se fundaram e se povoaram no Peru, fundou-se e povoou-se a cidade de Panamá na província de Tierra Firme, começo por esta, se bem que haja outras mais importantes neste reino. Mas faço isto porque dela é que partiram os capitães, os cavalos e os intérpretes que foram em busca da conquista do Peru... Assim, digo que a cidade de Panamá está fundada no Mar do Sul a dezoito léguas de Nombre de Dios... Lá onde está situada, ocupa um pequeno perímetro, devido a um pântano que a limita de um lado. Essa cidade, por causa dos horríveis odores que exalam desse pântano, é considerada como doentia. Ela foi traçada do levante ao poente, de tal modo que, estando o sol a pino, não há quem possa caminhar pelas ruas, porque não há sombra. E isso se sente sobretudo pelo fato de ali fazer um calor enorme e o sol é suficientemente forte para que um homem caminhando sob ele — mesmo por pouco tempo — fique tão doente a ponto de morrer. Foi o que aconteceu a muitos. Cerca de meia légua do mar havia lugares salubres onde se teria podido, desde o início, fundar essa cidade. Mas como as casas possuem um valor muito grande, ficando muito cara a sua construção, mesmo constatando o notável prejuízo que todos têm em viver em lugar tão ruim, seus habitantes não se mudaram. E particularmente, porque os antigos conquistadores já morreram todos e os seus atuais habitantes são comerciantes e não pensam em ficar no Panamá mais do que o tempo suficiente para enriquecerem. Tanto é assim que, partindo uns, outros chegam. E poucas pessoas, ou ninguém, pensam no bem público.

(PEDRO CIEZA DE LEÓN, *La crónica del Peru.*)

Documento 18:
AS BRIGAS ENTRE CRISTÃOS.

Os cristãos de Pernambuco apenas carregam este nome, e os padres revelam-se mais com a função de diabos do que a de padres. Pois, além do seu mau exemplo e maus costumes, persuadem o povo de que é lícito aos homens possuir concubinas mouras porque elas são escravas, e que se pode conservar os servos escravos roubados porque eles são cães. Eles as convencem dessas coisas e de outras semelhantes para desculpar e encobrir seus pecados e abominações públicas. E não há diabo que nos [os jesuítas] persiga como eles... Não podem nos ver dizer a missa grátis, porque isto se transforma em prejuízo para eles... Creio que sem a ajuda do Tenente do Rei de Portugal e a dos principais indivíduos da cidade, e também porque a bondade divina não permite, eles já nos teriam privado da vida, a nós todos. Acreditamos que venha um Bispo que, forçosamente, porá ordem onde, por amizade não o podemos fazer.

(ANON., *Lettre Jésuite de Bahia,* 1553.)

Documento 19:
A HERESIA NO NOVO MUNDO.

Gonçallo-Fernandes, cristão antigo, mestiço, disse, sob confissão que há cerca de seis anos, no interior desta Capitania, do lado de Jaguaripe, surgiu uma seita herege e idólatra feita por índios pagãos e cristãos, livres e escravos. Os escravos fugiam de seus donos para se unir a essa idolatria, onde imitavam as cerimônias da Igreja, fingiam trazer rosários e rezar, falavam uma linguagem inventada por eles próprios, praticavam a defumação com uma erva que denominavam de Erva Santa, e tragavam essa fumaça até ficarem embriagados, dizendo que com ela o espírito de santidade entrava neles. Possuíam um ídolo de pedra diante do qual realizavam suas cerimônias e o adoravam, dizendo que seu Deus ia livrá-los da escravidão em que se encontravam e os tornaria donos de seus senhores brancos os quais se tornariam seus escravos e que aqueles que não acreditassem nessa idolatria, a que chamavam de Santidade, se tranformariam em pássaros, em animais selvagens. Diziam e faziam, nessa idolatria, muitos outros absurdos (13 de janeiro de 1592).

(Primeira Visitação do Santo Ofício às Partes do Brasil! — Denunciações da Bahia, 1591 - 93.)

Documento 20:
LÍNGUA E IMPÉRIO: A LÍNGUA DO VENCEDOR.

Ó mui ilustre Rainha! Quando penso em mim próprio e quando coloco diante dos olhos do pensamento a antiguidade de todas as coisas que foram escritas para nossa lembrança e para nossa memória, chego a uma conclusão absolutamente segura: a língua sempre acompanhou a dominação e a seguiu, de tal modò, que juntas começaram, juntas cresceram, juntas floresceram e, afinal, sua queda foi comum... Quando em Salamanca apresentei este trabalho a Vossa Majestade, me perguntastes para o que poderia ele servir. O Reverendíssimo Bispo de Ávila antecipou a minha resposta, e falando em meu lugar, disse que, desde que Vossa Majestade havia imposto seu jugo a numerosos povos bárbaros e a nações de línguas diferentes, em conseqüência da derrota, eles estariam na obrigação de receber as leis que o vencedor aplica ao vencido, e então, esses os últimos poderiam adquirir o conhecimento delas pela minha gramática.

(ANTONIO DE NEBRIJA, prólogo de *La Gramática Castellàna.*)

Documento 21:
LÍNGUA E IMPÉRIO: A LÍNGUA DO VENCIDO.

... A grande organização que possui esta língua (o quechua), a abundância de vocábulos, a harmonia dos termos com as coisas que significam, as diferentes e curiosas maneiras de pronunciar. O som suave e bom de sua pronúncia, a facilidade para escrevê-la com nossos caracteres... E se a língua é organizada, as pessoas que dela se servem, não podem ser incluídas entre os bárbaros, mas entre pessoas civilizadas, pois, como disse o Filósofo [Aristóteles], por várias vezes, não existe meio pelo qual se conheça melhor o espírito do homem do que a palavra e a linguagem de que ele se serve, que é fruto dos conceitos do entendimento. Particularmente, se a isso acrescentarmos que se trata de uma língua que se empregava e ainda se emprega em todo o império do grande Senhor Guaynacapac, que se estende sobre uma região de mais de mil léguas de comprimento e de mais de cem de largura.

(FR. DOMINGO DE SANTO TOMAS, *Gramática quechua.*)

Documento 22:
AS NOVAS PLANTAS: A COCA.

Em todas as regiões das Índias por onde passei, observei que os indígenas demonstram grande prazer em ter raízes, ramos ou ervas, na boca. Assim, na província de Antioquia, alguns têm o hábito de uma coca miúda e, nas províncias de

Arma, outras ervas... Em todo o Peru existiu o costume e ainda existe de ter essa coca na boca e, desde a manhã até o instante em que se deitam, eles a conservam, sem nunca a cuspir. Tendo perguntado a certos índios por que estão sempre com a boca cheia dessa erva (que não comem, limitando-se a conservá-la entre os dentes), eles responderam que assim sentem menos fome e ficam com muita força e vigor. Eu creio que algo deve acontecer, mesmo se me parece apenas um hábito vicioso e digno somente de pessoas como esses índios. Nos Andes — de Cuamanga até a cidade de Prata — planta-se a coca, que dá árvores baixas e cultivadas com muitos cuidados para produzirem a folha que eles chamam de coca... E aquele a quem se atribuía uma encomienda de índios logo tornava seu principal negócio, os cestos de coca que recolhia... Agora estão na Espanha os que enriqueceram com o valor da coca, depois de tê-la açambarcado dos mercados dos índios e de tê-la revendido.

(P. CIEZA DE LEÓN, *La crónica del Peru*.)

Documento 23:
A BOA FÉ E A ACULTURAÇÃO.

Os espanhóis pagaram aos índios tudo o que tomaram deles com grandes benefícios; e a propósito, tudo o que de bom se cultiva na Espanha, é cultivado lá também [no Peru]: trigo, cevada, plantas e ervas hortenses, legumes de toda a espécie, devido aos cuidados dos espanhóis; laranjas, limões, cidras e todas as frutas desse gênero, abundantes em certos lugares, pois a maior parte do Peru apresenta terra quente e úmida. Cultivou-se os pêssegos também... As ovelhas, as vacas, as cabras, os porcos, os cavalos, os burros, os cachorros, os gatos etc., não existiam no Peru — foram importados da Espanha. Eles se multiplicaram em abundância e constituíram um grande benefício, particularmente quanto à galinha de Castela, de que os índios tiraram o melhor proveito.

(A. DE HERRERA, *Historia general de los hechos de los Castellanos...*)

Documento 24:
UMA "PEQUENA" CONQUISTA NOS SÉCULOS XIX E XX.

O ano de 1862 foi decisivo para a história da Ilha de Páscoa que viu o fim de sua civilização, sendo que a maior parte dos seus aspectos deveriam tornar-se para nós, em pleno século XIX, tão longínquos e imprecisos como se deles estivéssemos separados pela noite dos tempos.

Em 1859, a exploração das reservas de guano, na costa do Peru, constituía um empreendimento muito próspero que não encontrava nenhum obstáculo a não ser a mão-de-obra.

A fadiga, a alimentação deficiente e as epidemias dizimavam os infelizes trabalhadores submetidos ao duro trabalho nas ilhotas áridas e queimadas pelo sol. As companhias recrutavam seus trabalhadores por intermédio de aventureiros que recorriam, conforme as circunstâncias, à força ou à astúcia. Esses caçadores de escravos de um novo tipo empreenderam uma expedição em regra contra a Ilha da Páscoa que era, de todas as ilhas polinésias, a mais próxima do Peru. Uma pequena frota chegou à baía de Hanga-roa em 12 de dezembro de 1862. Alguns ilhéus que, sem desconfiar, subiram à bordo, foram imediatamente apanhados, acorrentados e jogados no fundo do porão. Como ninguém mais aparecia, os negreiros peruanos desembarcaram e a tiros conduziram para a margem todos os índios que puderam alcançar. Assombrados, eles ofereceram apenas uma fraca resistência.

Uma outra versão da invasão saqueadora apresenta detalhes diferentes: os visitantes peruanos teriam atraído os habitantes da ilha para a beira-mar com uma exposição de presentes. A um dado sinal os teriam massacrado e capturado em grande número. Em 1914, por ocasião da viagem de Mrs. Routledge, ainda havia alguns velhos que se lembravam de tais cenas. Eles descreviam os tiros, a fuga das mulheres e crianças e as lamentações dos cativos mantidos contra o solo, enquanto eram amarrados como animais. Simplesmente todo o horror do aprisionamento de escravos da África negra. Entre os prisioneiros se encontravam o rei Kamakoi e seu filho Maurata.

Esse miserável carregamento de carne humana chegou ao Peru e foi imediatamente vendido às Companhias de exploração de guano. Em poucos meses, as doenças, os maus tratos e a nostalgia reduziram a uma centena os mil ou novecentos índios escravizados. Graças à intervenção de monsenhor Jaussen, o governo francês fez no Peru representações às quais os ingleses se associaram. Foram dadas ordens oficiais para o repatriamento do punhado de habitantes de Páscoa que sobreviveram aos meses de trabalhos forçados. Eles embarcaram em um navio que devia reconduzi-los à sua ilha, mas a maior parte morreu no caminho de tuberculose ou de varicela. Apenas uma quinzena conseguiu voltar para a ilha para maior desgraça da população que ali tinha ficado: pouco tempo depois de sua volta, a varicela, de cujos germes eram portadores, se manifestou na ilha e a transformou num vasto amontoado de cadáveres. Os cadáveres eram tão numerosos que, não podendo ser enterrados nos túmulos dos seus ancestrais, eram lançados às frestas de rochedos ou arrastados para corredores subterrâneos. As ossadas esparsas que encontramos em algumas grutas parecem ser dos infelizes mortos naquela época.

À epidemia assassina, juntaram-se as guerras internas: a ordem social foi solapada, os campos permaneceram sem proprietários e houve combates para assegurar a sua posse. Depois veio a fome; a população decaiu para cerca de 600 indivíduos. A maioria dos membros da classe sacerdotal desapareceu levando consigo os segredos do passado. Quando, no ano seguinte, os primeiros missionários se estabeleceram na ilha, encontraram apenas uma civilização agonizante: o sistema religioso e social estava destruído e uma terrível apatia tomara conta dos sobreviventes do desastre. Esse povo sem passado e sem futuro, alquebrado física e moralmente, ia ser conduzido para o cristianismo senão sem esforços, ao menos em pouco tempo. No cemitério de Hanga-roa, existe uma laje com a seguinte inscrição:

A ILHA DE PÁSCOA
AO FREI EUGÈNE EYRAUD
QUE DE OPERÁRIO MECÂNICO
PASSOU A OPERÁRIO DE
DEUS E REALIZOU A SUA
CONQUISTA PARA JESUS CRISTO

Ao cair da noite, nós nos dirigimos para Mataveri, a fazenda do administrador inglês, seguindo uma ladeira, margeada de amoreiras e de um muro baixo de pedras. Essa alameda campestre que aprendemos a amar, nos entristecia por tudo o que ela evocava de prosaicamente europeu. Quando abrimos o portal que dá acesso ao planalto de Mataveri, uma sombra se aproximou de nós: um personagem desengonçado, de andar arrastado, passou às nossas mãos alguns objetos de pedra que reconhecemos imediatamente como pontas de lança de obsidiana. Ao entregá-las, disse-nos com um ar misterioso: *"Regalo"* (presente). Foi esse o nosso primeiro presente, nossa entrada em um ciclo do qual não devíamos mais sair. Ao aceitar esses modestos presentes, lançávamos as bases da rede sutil de obrigações recíprocas que durante a nossa estada ia ligar-nos a tantos seres desconhecidos.

Entramos em um bosque de eucaliptos de belo porte que dá à fazenda uma sombra raramente encontrada nessa ilha desolada. Mrs. Smith, com sua hospitalidade atarefada e encantadora, nos recebeu em uma grande sala de jantar. Conhecemos um bebê loiro que acabava de nascer no Pacífico e que era, sem dúvida, o primeiro branco nascido nas proximidades das grandes estátuas. Aquelas vozes inglesas, a lâmpada sobre a mesa, o bebê loiro, Mrs. Smith, formavam um mundo à parte, tão afastado da Ilha de Páscoa, quanto a Escócia, dos mares do Sul. Entre esses dois universos, nenhum laço de simpatia, de compreensão ou até mesmo de interesse. Aqui havia um ambiente simples e honesto, lá, uma efervescência de pessoas um tanto inquietantes.

Eu estava ansioso para conhecer exatamente quais as relações entre a Companhia e os indígenas. Durante a nossa permanência no Chile, tinham-nos prevenido contra ela e denunciaram sua brutalidade e egoísmo em relação aos habitantes de Páscoa. Vários chilenos nos descreveram em termos patéticos o destino dos indígenas encurralados em um canto de sua ilha, aos quais era recusado o direito de percorrer livremente a terra de seus ancestrais. Fôramos também informados dos baixos salários pagos aos raros indígenas empregados pela Companhia. Uma longa experiência na América do Sul me havia familiarizado com o desagrado sistemático que envolve qualquer empreendimento anglo-saxão, mas, por outro lado, eu sabia que as companhias nem sempre são generosas para com a mão-de-obra indígena. Para ser preciso, coloquei o problema a Mr. Smith que me contou que a Companhia pagava aos seus operários quatro pesos por dia e lhes dava, a mais, uma ração diária de carne. Na época da tosquia, as mulheres e os moços que são contratados para a ocasião, são pagos por peça, isto é de acordo com o número de carneiros que passam por suas mãos.

A taxa desses salários era naquela época (1934) superior à dos peões chilenos. Quando contei ao meu anfitrião o que eu ouvira a respeito dos lucros obtidos pelas lojas da companhia ele se mostrou indignado e assegurou-me que os produtos eram vendidos a preço de atacado, a despeito dos gastos de transporte e que a mercadoria era mais barata do que no continente, a ponto das tripulações dos barcos chilenos delas se aproveitarem por ocasião de sua estada na Ilha.

Os indígenas, contudo, se queixavam dos preços impostos pela Companhia e do constante encarecimento dos artigos que compravam. Eles eram, sem saber, vítimas da crise econômica que atingia o Chile.

Ao aludir ao isolamento forçado dos indígenas na aldeia de Hanga-roa e suas proximidades, o administrador da Ilha me deu as seguintes explicações: "A Ilha de Páscoa pertence ao Chile, mas é, na verdade, propriedade privada da Companhia Williamson e Balfour que ali cria carneiros e, em pequena quantidade, gado e porcos. As pastagens e o clima da Ilha favorecem muito aos carneiros que ali se multiplicam e hoje apresentam um número de 40 000 aproximadamente. Não são animais comparáveis aos da Nova-Zelândia, mas fornecem lã muito boa. O cuidado dos rebanhos seria muito fácil sem os indígenas que não param de nos roubar. Eles se apropriaram sem cerimônia dos primeiros carneiros trazidos pelos missionários e teriam continuado a fazê-lo se não tivéssemos tomado nossas precauções. Em vista disto, separamos a aldeia e os territórios adjacentes com uma rede de arame farpado e organizamos um policiamento indígena que se compunha dos elementos mais honestos e dedicados. Depois do por do sol, ninguém tem permissão para ultrapassar as barreiras dos campos sem autorização especial. Apesar destas medidas, no ano passado, perdemos 3 000 carneiros. Dois dias antes da nossa chegada, eles entraram na fazenda e roubaram todos os carneiros. Conhecemos os culpados, a polícia está informada de todos os detalhes do ataque, mas ninguém foi pego em flagrante. Todos os nossos policiais são parentes próximos, ou longínquos, desses ladrões e os laços de sangue os impedem de denunciar os culpados ou de prendê-los no momento oportuno. Se nos queixamos ao governador, ele fica indignado, ameaça, promete punir os culpados e não faz absolutamente nada. No fundo, ele fica contente com os nossos aborrecimentos e nada faz para evitá-los. Os indígenas são uns trapaceiros inveterados. No princípio do ano, eles arrombaram a porta de nossa loja e nos pilharam. Não temos mais açucar, nem fumo, nem sabão e temos que esperar seis meses pela vinda do próximo barco. Não há uma só criança na aldeia que não conheça os culpados, mas como puni-los? Não temos prova alguma e mesmo os que vieram denunciar os ladrões, jurarão que não disseram nada, que não viram nada. Desta vez, o governador ficou um pouco alarmado, pois ele também precisava dos nossos produtos, mas depois de jurar e esbravejar, deixou o assunto para *mañana*."

"O que nos revolta, acrescentou Mr. Smith, não é tanto a atitude dos indígenas para conosco, mas a hipocrisia de que somos vítimas. O Chile não se preocupa com os indígenas — até se desinteressa completamente. Procuramos cumprir nossos empenhos lealmente; queremos ser humanos e o resultado é acusarem-nos de abusos que desejamos evitar."

Na manhã seguinte, descemos em direção à aldeia de Hanga-roa.

(A. MÉTRAUX, *L'île de Paques*, pp. 65-68 e 24-28.)

Documento 25:
TRÊS OPINIÕES SOBRE OS BÁRBAROS.

a) *O "bom" julgamento de Las Casas:*

De todos esses exemplos antigos e modernos consta claramente que não há nações no mundo grosseiras, incultas, selvagens e bárbaras, rudes ou cruéis e tolas que sejam, que não possam ser persuadidas, conduzidas e encaminhadas para a ordem e a civilização e a tornarem-se civilizadas, calmas e de bom trato, se empregarmos habilidade e aptidão e se seguirmos a via que é própria e natural aos homens, isto é, particularmente a do amor, da suavidade e da alegria e se procurarmos apenas este fim. A razão disso está no fato (que Tullius expõe no livro 1º *De Legibus*) de que todas as nações do mundo são compostas por homens, e que para todos os homens, assim como para cada um deles, há uma única definição possível, a de que são racionais: todos têm seu intelecto, sua vontade e seu livre arbítrio, pois são feitos à imagem e semelhança de Deus... Assim, a raça humana inteira é uma, e todos os homens quanto à sua criação e quanto às coisas naturais são semelhantes e nenhum nasce instruído; e assim, todos nós temos necessidade, no início, de sermos guiados e ajudados pelos outros que nasceram antes de nós. Assim é que, ao encontrarmos no mundo populações tão selvagens, elas serão como a terra não cultivada, que facilmente produz ervas daninhas e silvas, mas tendo em si própria tanta virtude natural que, trabalhando-a e cuidando dela, dará frutos comestíveis, sadios e úteis... Disso tudo resulta necessariamente o fato de que é impossível, de uma total impossibilidade, que uma nação inteira seja totalmente incapaz, ou de um julgamento tão insuficiente ou bárbaro, e de uma racionalidade tão insuficiente que não saiba se governar e que não possa ser induzida, atraída para alguma boa doutrina moral, e, particularmente, instruída nas coisas da fé e imbuída da religião cristã.

(B. DE LAS CASAS, *Apologetica Historia.*)

b) *O julgamento "mau" de Sepulveda:*

É por isso que as feras são domadas e submetidas ao império do homem. Por esta razão, o homem manda na mulher, o adulto, na criança, o pai, no filho: isto quer dizer que os mais poderosos e os perfeitos dominam os mais fracos e os mais imperfeitos. Constata-se esta mesma situação entre os homens; pois há os que, por natureza, são senhores e outros que, por natureza, são servos. Os que ultrapassam os outros pela prudência e pela razão, mesmo que não os dominem pela força física, são, pela própria natureza, os senhores; por outro lado, os preguiçosos, os espíritos lentos, mesmo quando têm as forças físicas para realizar todas as tarefas necessárias, são, por natureza, servos. E é justo e útil que sejam servos, e vemos que isto é sancionado pela própria lei divina. Pois está escrito no livro dos provérbios: "O tolo servirá ao sábio." Assim são as nações bárbaras e desumanas, estranhas à vida civil e aos costumes pacíficos. E sempre será justo e de acordo com o direito natural que essas pessoas sejam submetidas ao império de príncipes e de nações mais cultivadas e humanas, de modo que, graças à virtude dos últimos e à prudência de suas leis, eles abandonam a barbárie e se adaptam a uma vida mais humana e ao culto da virtude. E se recusam esse império, e permissível impô-lo por meio das armas e tal guerra será justa assim como o declara o direito natural... Concluindo: é justo, normal e de acordo com a lei natural que os homens probos, inteligentes, virtuosos e humanos dominem todos os que não possuem estas virtudes.

(SEPULVEDA, *Dialogum de justis belli causis.*)

c) *O julgamento "equilibrado e racional" de Francisco de Vitoria:*

[De tudo o que foi dito, conclui-se que, sem dúvida alguma] os bárbaros tinham, assim como os cristãos, um poder verdadeiro tanto público como privado. Nem os príncipes, nem os cidadãos puderam ser despojados de seus bens sob o pretexto de que eles não tinham verdadeiro poder. Seria inadmissível recusar àqueles que nunca cometeram injustiças o que concedemos aos sarracenos e aos judeus, inimigos eternos da religião cristã. Reconhecemos, de fato, a estes últimos um poder verdadeiro sobre seus bens, exceto quando se apossaram de territórios cristãos.

Resta responder ao argumento contrário, segundo o qual os bárbaros são escravos por natureza, sob o pretexto de que eles não são suficientemente inteligentes para se governarem a si próprios. A esse argumento eu respondo que Aristóteles certamente não quis dizer que os homens pouco inteligentes sejam, por natureza, submetidos ao direito de um outro e que não tenham poder nem sobre si próprios, nem sobre as coisas exteriores. Ele fala da escravidão que existe na sociedade civil: essa escravidão é legítima e não torna ninguém escravo por natureza. Se há homens que são pouco inteligentes por natureza, Aristóteles não quer dizer que seja permitido apropriar-se de seus bens e de seu patrimônio, escravizá-los e pô-los à venda. Mas quer explicar que eles natural e necessariamente precisam ser dirigidos e governados por outros; é bom para eles estarem submetidos a outros, assim como as crianças precisam estar submetidas a seus pais antes de .serem adultas e a mulher, a seu marido. Que esse seja o pensamento de Aristóteles, é evidente, pois ele diz igualmente que certos homens são chefes, por natureza, a saber, aqueles que brilham pela inteligência. Ora, ele certamente não quer dizer que esses homens podem tomar em mãos o governo dos outros, sob pretexto de serem mais sábios. Mas ele quer dizer que eles receberam da natureza qualidades que lhes permitem comandar e governar. Assim, admitindo que esses bárbaros sejam tão tolos e obtusos como dizem, nem por isso se lhes deve recusar um poder verdadeiro e nem se deve contá-los entre os escravos legítimos.

(FRANCISCO DE VITORIA, *Première leçon sur les Indiens*, pp. 100 e 101.)

JULGAMENTOS DOS CONTEMPORÂNEOS

MONTAIGNE, Essais, III, 6.

Nosso mundo acaba de descobrir um outro (e quem nos diz que seja o último de seus irmãos, pois os Daemons, as Sibilas e nós, ignoramos este até agora?), não menos povoado e organizado que o nosso...

... os que os subjugaram, tirando a malícia e o conjunto de barcos de que se serviram para enganá-los, e o justo espanto em que caíram essas nações ao ver chegarem inesperadamente homens barbudos, de língua e religião diferentes, diferentes na forma e no porte, e vindos de uma parte do mundo tão afastada e onde eles jamais imaginaram que houvesse qualquer habitação, montados em grandes monstros desconhecidos, de quem nunca vira um cavalo nem outro bicho capaz de carregar e sustentar um homem ou qualquer outra carga; usavam coletes de uma pele luminosa e dura e armas cortantes e resplandescentes para quem, pelo milagre da luz de um espelho ou de uma faca, iam trocando uma grande riqueza em ouro e pérolas, e que não possuíam nem sabedoria nem material com o qual tranqüilamente soubessem descobrir nosso aço; acrescentem-se os raios e os estrondos de nossas armas e arcabuzes, capazes de amedrontar o próprio César, que, igualmente inexperiente, se teria espantado...

Quantas cidades arrasadas, quantas nações exterminadas, quantos milhões de povos passados a fio de espada, e a mais rica e bela parte do mundo transtornada pela negociação de pérolas e de pimenta: vitórias mecânicas. Nunca a ambição, nunca as inimizades públicas incitaram os homens, uns contra os outros, a tão horríveis hostilidades e a calamidades tão miseráveis!

F. D'ALVA IXTLILXOCHITIL, Cruautés horribles des conquérants du Mexique (trad. de H. Ternaux-Compans).

Li muitos autores que falam das tiranias e crueldades exercidas em outras nações; mas se reuníssemos todas elas, ainda assim, não se comparariam com as perseguições e a escravidão dos nativos. Vários deles dizem que prefeririam ser escravos acorrentados do que ser tratados como o são, pois, ao menos, os próprios espanhóis que os tiranizam tão cruelmente, seriam piedade deles para não perder seu dinheiro. Sua miséria chegou a tal ponto, que, se um deles se choca contra alguma coisa, cai ou se machuca, os espanhóis ficam tão contentes quanto é possível. Não satisfeitos com isso, eles os cobrem com todas as maldições que lhes passam pela cabeça. Um índio morre, e eles dizem que o diabo já deveria tê-los levado a todos. Assim falo porque é o que acontece a todo instante porque a cada minuto ouço dizer: já que Deus sabe, já que Sua Majestade está a par, rendamo-lhes ações de graças.

LÓPEZ DE GOMARA, Historia general de las Indias.

Como disse, nossos espanhóis descobriram, percorreram, converteram grande quantidade de terras em sessenta anos de conquista. Nunca nenhum rei e nenhuma nação percorreram e subjugaram tantas coisas em tão pouco tempo, assim como nós fizemos, nem fizeram, nem mereceram o que nossa gente fez e mereceu pelas armas, pela navegação, pela pregação do Santo Evangelho e pela conversão dos idólatras. É por essa razão que os espanhóis são perfeitamente dignos de louvor. Bendito seja Deus, que lhes deu essa graça e esse poder. A grande glória e honra de nossos reis e dos espanhóis foi de ter feito os índios aceitarem um só Deus, uma só fé e um só batismo e de lhes ter tirado a idolatria, os sacrifícios humanos, o canibalismo, a sodomia e outros pecados grandes e maus que nosso bom Deus detesta e pune. Da mesma maneira, eliminou-se a poligamia, velho hábito e prazer de todos esses homens sensuais; foi-lhes mostrado o alfabeto, sem o qual os homens são como animais e o emprego do ferro tão necessário ao homem. Foram-lhes igualmente mostrados vários hábitos bons, artes, costumes civilizados a fim de viver melhor. Tudo isso — e mesmo cada uma dessas coisas —

vale mais do que as plumas, as pérolas, o ouro que deles tomamos. Além do mais eles não se serviam desses metais como moeda que é o uso adequado e a verdadeira maneira de aproveitá-los. Tudo isso foi bom, mesmo se tivesse sido possível nada lhes ter tomado e contentar-se com o que se tirava das minas, dos rios e das sepulturas. O ouro e a prata — que perfazem mais de sessenta milhões [de pesos] — e as pérolas e as esmeraldas que eles tiraram do mar e da terra são em muito maior quantidade do que o pouco ouro e prata que os índios possuíam. O que há de errado em tudo isso é tê-los feito trabalhar demais nas minas, nas pescarias de pérolas e nos transportes.

A. THÉVET, Les singularités. ... de la France Antarctique.

Esta parte da América [o Brasil] é habitada por pessoas maravilhosamente estranhas e selvagens: sem fé, sem lei, sem civilidade alguma, vivendo como animais irracionais, como a natureza os produziu, comendo raízes, permanecendo sempre nus, tanto homens como mulheres, até o momento em que, talvez, forem visitados pelos cristãos, que poderão, aos poucos, despojá-los dessa brutalidade para assumir um modo mais civil e mais humano.

A. THÉVET, La cosmographie universelle.

Eu não posso crer que o Papa tenha concedido toda esta longa terra de um pólo ao outro, visto que ela daria para uns cinqüenta Reis cristãos...

JEAN BODIN, République.

Quando não há mais desculpas, o mais forte em matéria de estado não deixa de ganhar e o mais fraco é o que fica em erro: Atabalipa [Ataualpa], rei do Peru, estando prisioneiro de Francisco Pizarro, capitão espanhol, prometeu o valor de dez milhões e trezentos mil ducados por seu resgate e pagou. Os espanhóis tendo resolvido matá-lo, disseram-lhe que não havia meio de ser posto em liberdade se ele não se tornasse cristão. Ele, para salvar a vida, aceitou ser batizado, embora o fizesse contra a vontade. Todavia, os espanhóis o mandaram matar depois de ter realizado o seu processo, sem levar em conta a fé e os juramentos que lhe haviam feito.

B. DE LAS CASAS, Tyrannies et cruautez des Espagnols.

Sei com certeza e sem medo de errar que os espanhóis nunca tiveram uma guerra justa contra os índios.

R. DE LUSINGE, De la naissance, durée et chute des nations.

Eles [os conquistadores] fazem, contudo, através dessa conversão e desse batismo, com que esses povos se tornem como os portugueses e espanhóis...

CHARRON, Sagesse...

Considere-se também o que a descoberta do Novo Mundo, das Índias Orientais e Ocidentais nos ensinou, pois vemos primeiramente que todos os Antigos se decepcionaram... E quem duvida que daqui a algum tempo não se descubram outros? Se Ptolomeu e os Antigos se enganaram outrora, por que não se poderia ainda enganar aquele que dissesse que agora tudo já está descoberto e achado? Eu gostaria muito de acreditar nele! Em segundo lugar, nessas novas terras quase todas as coisas que tanto estimamos e que pensamos terem sido primeiramente reveladas como enviadas do céu, eram admitidas e observadas há vários milhares de anos, antes que nós tivéssemos ouvido delas as primeiras notícias, seja quanto à religião: como a crença em um único primeiro homem, pai de todos, no dilúvio universal, em um Deus que viveu outrora como homem virgem e santo, no dia do julgamento, no purgatório, na ressurreição dos mortos, observação dos jejuns, Quaresma, celibato dos padres, ornamentos da igreja, sobrepelizes, mitra, água benta, adoração da Cruz, circuncisão semelhante à judia e à maometana, quanto à ordem estabelecida, como os mais velhos herdam todos os bens... subsídios tirânicos, armas, movimentos de saltimbancos, música de instrumentos, todos os tipos de jogos, artilharia, imprensa. De todas essas palavras, facilmente tiramos estas conclusões: que esse grande corpo que denominamos mundo, não é o que pensamos e julgamos, que nem no todo, nem nas partes, não é sempre o mesmo, mas, ao contrário, está em perpétuo fluxo e refluxo; que não há nada dito, admitido, acreditado, em um determinado tempo e lugar, que não seja igualmente dito, admitido, acreditado e também contradito, reprovado, condenado, em outro lugar, sendo o espírito humano capaz de todas as coisas, o mundo sempre girando assim, ora o mesmo, ora diferente... E dessas conclusões aprendemos a não endossar nada, não jurar nada, não admirar nada, não nos perturbarmos com coisa alguma: mas o que quer que aconteça, quer se grite, quer se esbraveje, resolve-se assim, que é o curso do mundo, é a natureza que faz das suas: mas prover, por prudência, que nada nos fira por nossa fraqueza e covardia.

PROBLEMAS E DISCUSSÕES DE INTERPRETAÇÃO

Sobre a "Leyenda Negra"

Por várias vezes fiz alusão, nas páginas precedentes, à legenda negra que envolveu a "conquista". Julián Juderías (*La Leyenda Negra*, Madri, 1954), Rómulo D. Carbia (*Historia de la Leyenda Negra hispano-americana*, Buenos Aires, 1943), Ignacio Escobar Lópes (*La Leyenda Blanca*, Madri, 1953) e vários outros sábios mostraram com precisão e força como a legenda negra encontrava suas origens nas acusações do Padre Las Casas. E isto é certamente verdade, em se tratando da legenda negra hispano--americana, há uma outra — que denominaremos européia — anterior e paralela à primeira

Svrker Arnoldsson (*La Le Leyenda Negra — Estudios sobre sus orígines*, Goeteborg, 1960) Benedetto Croce (*La Spagna nella vita italiana durante la Rinascenza*, Bari, 1941), Arturo Farinelli (*Italia e Spagna*, v. II, Turim, 1929) mostraram a existência de dois filões da legenda negra na Europa: um primeiro, italiano, ligado com toda a certeza, à conquista pelos espanhóis do reino de Nápoles e do de Milão; o outro, alemão e flamengo, ligado ao ódio contra os espanhóis enquanto partidários do catolicismo e inimigos da Reforma.

As acusações dirigidas aos espanhóis pelos italianos referem-se a traços essencialmente culturais. E é evidente: um povo que possui o mais alto grau de civilização do seu tempo, só pode ser induzido à zombaria face a seu vencedor. O desprezo é desprezo com relação aos modos na mesa, à vestimenta, à maneira de fazer a corte. No seu limite extremo, essa zombaria pode estar inteiramente em contradição com a realidade dos fatos: assim, por exemplo, é evidente que a tendência italiana para considerar o espanhol como um mau soldado (donde a criação, na comédia italiana, do personagem do *capitano spagnolo*, gabola, grotesco e covarde) é um *non-sens* que se pode voltar contra aquele que o formula. Se o espanhol enquanto soldado é mau, o italiano é pior ainda, já foi conquistado ele... Em suma, a legenda negra que se formou na Itália não é tão terrível: ela acaba por se servir de uma terminologia contemporânea da formação de certos estereótipos (a preguiça, a gabolice, o senso ridículo de honra) que os italianos estabelecem (não nos esqueçamos que os espanhóis pagam-lhes na mesma moeda: a traição, o veneno, a leviandade das mulheres... de tal modo que se poderia falar de uma legenda negra anti-italiana de origem espanhola).

A legenda negra de origem alemã (que depois será assimilada pelos flamengos e pelos ingleses e, em geral, por todo o mundo protestante europeu) apresenta-se com toda a evidência, com traços muito mais acentuados: a ideologia contribui para dar força às acusações. A Espanha é a partidária de Roma, do catolicismo: portanto, com uma rápida passagem pelo diabo, pela corrupção, pelo vício. Mais uma vez os espanhóis devolvem na mesma moeda: os luteranos serão os representantes do Anti-Cristo, da subversão, da inversão de toda a ordem... Mas refletindo-se, tudo isso não significa muito: no íntimo de todos os povos encontravam-se (e ainda se encontram) estereótipos relativos aos outros povos: o folclore europeu está cheio de indícios desse fenômeno.

Como é que esta legenda negra pode adquirir, com respeito à Espanha, uma força que não existe em relação a qualquer outro povo?

Pode-se dizer — parece-me — que o âmago das legendas negras antiespanholas nascidas na Europa, juntou-se uma outra legenda: a que se formou com relação à América. Os acontecimentos americanos encontraram um terreno fértil na protolegenda criada na Europa; esta, por sua vez, alimentou-se de elementos (verdadeiros, deformados, falsos) que lhe chegavam da América.

Sob este ponto de vista, os sábios espanhóis que dedicaram uma parte (ou a totalidade) de seus trabalhos e de sua vida para "branquear" feitos e gestos de seus compatriotas *conquistadores*, estão com o lado bom: é certo que nem todas as acusações são inteiramente válidas. É mais certo ainda que o esquema completo de uma legenda negra, agrupando os elementos italianos, alemães e americanos, ultrapassa o mais puro absurdo. Pois absurdo é o retrato-robô do espanhol do século XVI, que poderia ser assim desenhado: assassino (esquema americano), gabola (esquema italiano), filho do diabo (mas piedoso, ainda que formalmente) (esquema alemão...) realmente tudo isso é demais.

A realidade deve ser reduzida às dimensões da época: que os espanhóis tenham matado sem razão, é incontestável (como todos os soldados de todos os tempos e de todos os países); que os espanhóis tenham desestruturado um mundo inteiro, é igualmente verdade (mas os sábios espanhóis têm razão ao mostrar que os ingleses, franceses, holandeses e todos os povos colonizadores agiram do mesmo modo); que os espanhóis tenham introduzido doenças, é igualmente verdade; mas não podemos considerá-los como responsáveis por isso (mais responsáveis são certos turistas de hoje: cf. o admirável artigo do *Le Monde* de 3 de setembro de 1970: os índios da Guiana Francesa podem ser explorados como curiosidade turística?).

Devemos parar diante deste balanço aparentemente tão objetivo? Ou será preciso lembrar que as verdadeiras dimensões da legenda negra aparecem, não quando se conta o número dos mortos, dos assassinados, mas quando se juntam o genocídio e o etnocídio? O verdadeiro problema está em compreender o processo pelo qual um continente foi desestruturado; compreender como toda uma massa demográfica foi conquistada, alienada e como se tornou estranha para si própria; compreender como valores culturais, valores de civilização, foram destruídos *en pure perte*. Compreender tudo isso não é apenas um julgamento histórico, mas pode e deve ser um elemento para nos guiar em nossa vida quotidiana, em nossos contatos com o "outro": pois, todos os dias, estamos em contato com o "outro" e devemos aprender a respeitá-lo, sem nos contentarmos em considerá-lo abstratamente como um "igual" conservando no espírito as diferenças que o separam de nós.

"Conquista", Geografia e Humanismo

Qual foi o significado da descoberta e da conquista das Américas na representação do mundo dos homens do século XV e do século XVI?

Após os livros de G. Atkinson (*Les nouveaux horizons de la Renaissance française*, Paris, 1935) e de P. F. de Dainville (*La géographie des humanistes*, Paris, 1940), W. G. L. Randles respondeu essa questão com uma série de trabalhos de primeiríssima importância (*Le Nouveau Monde, l'autre monde et la piuralité des mondes*, em *Actas do Congresso Internacional de Historia dos Descobrimentos*, Lisboa, 1961, v. IV; *La signification cosmographique du passage du cap Bojador*, em *Studia*, 1961, n. 8; *Quelques modifications apportées à la conception médiévale du monde*, in *Revista da Faculdade de Letras de Lisboa*, 1959, n. 3. Ver igualmente a obra de Marianne Mahn-Lot, *La découverte de l'Amérique*, na mesma coleção.

As viagens de descoberta e, em seguida, a "conquista" permitiram a mudança da antiga idéia de um *oikoumenê* constituído de um bloco tricontinental (Ásia, África, Europa) cercado por um enorme oceano, correspondendo, *grosso modo,* ao mundo civilizado. Essa enorme massa continental era representada como inteiramente concentrada no hemisfério setentrional; a parte meridional era considerada "não cosmizada", como uma zona de caos, o mundo do desconhecido, do incognoscível, do não formado. Concepção cristã, mas também concepção muçulmana (cf. Ibn Said) que será destruída em 1434, por ocasião da passagem do cabo Bojador, e definitivamente anulada quando se atingir o equador por volta de 1472-1474. Nessa época, uma série de questões se coloca: o que é feito do caos anunciado? onde fica essa "zona tórrida", que deveria constituir a fronteira mais categórica de toda a aventura humana? por que e como os homens, além do equador, não estão de cabeça para baixo e com os pés para cima?

É toda uma dessacralização da representação cosmográfica que se realiza. Dessacralização que se acentuará com o conhecimento progressivo do Novo-Mundo. Em primeiro lugar, a identificação que — já o dissemos — se realizará a partir da alta Idade Média, entre *oikoumenê* e *christianitas*, encontra-se irremediavelmente restrita à Europa unicamente. Na verdade, o princípio de que a palavra de Cristo tinha sido levada a toda as partes do mundo habitado, pela *dispersio apostolorum*, encontra um desmentido evidente. Então qual é a situação, face ao julgamento divino, desses povos que não conhecem a Palavra de Cristo? Será que eles estão condenados irremediavelmente? Ou a simples virtude moral será suficiente para salvá-los? Pode-se duvidar. Dúvida tanto mais sincera quanto as descobertas demonstraram — contra a posição cristã da qual o representante mais brilhante era Santo Agostinho — que há uma pluralidade de mundos.

As primeiras reações — para retomar a expressão de Lucien Febvre — são de "insensibilidade ao incompatível": julga-se melhor não falar claramente de tudo o que venha ser contradição com os princípios teológicos. Mas a dúvida persiste, com todos os seus efeitos corrosivos. Certamente — sempre no plano espiritual — não se limita apenas a dar novas dimensões à antiga visão teológica para se responder a toda a série de problemas que as descobertas levantam. Há também uma reação de ordem dialética: se a *christianitas* se acha materialmente reduzida pela constatação de que milhões de homens vivem na ignorância do deus "verdadeiro", está aí precisamente a possibilidade de uma ação junto desses mesmos homens que a partir de então é preciso conduzir em um só rebanho conduzido por um só pastor. Toda esta série de problemas encontrará uma resposta completa, coerente, somente muito mais tarde. Mas desde 1539, em sua *Relectio de Indis* pronunciada na Universidade de Salamanca, Francisco de Vitória tomava claramente consciência da não-identificação da cristandade com o mundo. O equilíbrio só pode ser restabelecido pela instauração de uma ordem natural, inteiramente fundada sobre a experiência.

A palavra "experiência" adquire então uma força considerável: contra um Aristóteles que afirmara categoricamente a impossibilidade da existência de um céu diferente do que temos sobre nossas cabeças no hemisfério setentrional, a experiência, agora, demonstra triunfalmente a falsidade deste princípio. Fato estranho (mas até certo ponto...), os defensores mais ardorosos (em primeiro lugar, os jesuítas) da visão medieval e cristã do mundo, a fim de tentar conciliar os novos fatos com os velhos princípios recorrerão ao mesmo conceito de experiência para explicar como e por que, por falta de experiência, Santo Agostinho tinha podido se enganar... Mas a partir desse momento, no meio do século XVI, não há mais dúvida: "o "mundo" é o "globo", além de qualquer discriminação religiosa. As novas conquistas do espírito e da inteligência contribuíram seguramente para reforçar a reflexão do homem sobre o homem.

Portanto, a América contribuiu muito para a cultura européia. Final do século XV, começo do século XVI, a imensa renovação cultural conhecida pelo nome de humanismo acha-se provavelmente sem recursos. Tudo havia contribuído para dar ao homem os instrumentos de reflexão sobre si mesmo: a herança (ressuscitada) da antiguidade grego-romana os melhores frutos do cristianismo; a elaboração de experiências que cobrem toda a Europa, desde os Países Baixos até a Itália. Mas talvez o limite esteja exatamente aí: o "movimento" é por demais europeu: os outros (mundo africano, asiático e próximo-oriental) não são desconhecidos da Europa. Mas vários obstáculos se opõem à sua assimilação completa e real: religiões monoteístas; sistemas políticos similares; estruturas de dominação estabelecidas há muito tempo.

A descoberta, primeiramente, e em seguida a "conquista" da América, constituem um poderoso estímulo intelectual. Assim, o humanismo orienta-se de acordo com dois eixos: clássico (e gasto) do conhecimento histórico que quer trazer o passado ao presente e alimentar o último com o primeiro, e o outro, de acordo com o conhecimento do espaço que se abre com a exploração do mundo. É o segundo que será determinante e preponderante: alimentado por mistérios, pelo estranho, ele alimentará o humanismo com humores, linfas, sucos novos e extremamente nutritivos. A curiosidade é impulsionada. Uma dupla curiosidade: em primeiro lugar, aquela que *leva* à descoberta; e a outra, posterior, que quer conhecer o que foi descoberto (e conquistado). Alphonse Dupront, em um ensaio que constitui certamente — e sem nenhum exagero — um dos pontos altos da historiografia do século XX ("Espace et humanisme" em *Bibliothèque d'Humanisme et Renaissance,* VIII, 1947) mostrou e demonstrou de maneira exemplar como "a descoberta do mundo, lentamente realizada na consciência do ocidente moderno, permite, desde os primeiros desenvolvimentos, os "planos" do homem moderno. Sentimento de não limitação do espaço, desejo de posse e comportamento de solidão, tais as forças confundidas."

Já vimos o impacto que as viagens à África, primeiramente, e à América, depois, exerceram sobre o horizonte mental dos europeus. Aqui, o problema que se coloca é seguramente o dos novos valores que então se constituíram. O lento habituar-se aos costumes "diferentes" (principalmente os dos países muçulmanos, com os quais os europeus estabeleceram relações de irmãos inimigos) tinha quase anestesiado a sensibilidade ocidental para a compreensão do "outro". A violenta irrupção de costumes, hábitos, leis, critérios, matérias, regras, princípios, novos comportamentos permite agora que a cultura ocidental elabore uma doutrina, uma ideologia que não é mais apenas ocidental, mas universal.

O problema, todavia, não é tão simples. Se um Montaigne, em sua imensa sabedoria, reconhece essencialmente na existência do "outro", um limite aos seus próprios conhecimentos; se ele sabe que o fato de conhecer as diferenças que o separam do outro não constitui absolutamente um critério de discriminação que coloca toda a nobreza do seu lado e toda a abjeção do lado do "outro"; se o saber se lhe apresenta — após a experiência do "outro" — como um fato complexo, articulado, e quase ambíguo, ele não tem, entretanto, nenhuma ambição em resolver a ambiguidade, mas procura reduzir a totalidade do "outro" à sua própria totalidade. Mas isto vale para um Montaigne e não para todos os humanistas ou para todos os que pretendem sê-lo. O humanismo é uma criação do mundo ocidental. Trata-se seguramente de uma das mais altas criações da inteligência humana, o que não impede que se trate também de um ato de força fazendo do homem um produto que se apresenta com traços que, em grande-parte, são os do homem ocidental. A ideologia humanista dominou incontestе durante séculos e somente há pouco tempo é que começou a ser timidamente contestada. O que interessa, é saber por que caminhos esta ideologia se impôs, a ponto de servir de justificação não apenas para os "conquistadores" de todos os tempos e de todos os países, mas, também, como um elemento vital para os povos conquistados e para os povos recentemente libertados. Em resumo, o diverso serviu para construir um universo de estabilidade: o estável de uma *razão,* de uma *ordem,* de uma *unidade.* Foi a partir dessa unidade que se instaurou uma universalidade branca, que constitui uma recusa permanente do múltiplo. Mas — e eu repito, este é o ponto mais importante — essa universidade se constituiu sobre a base de uma volta (limitada e parcial) ao mundo clássico e de uma assimilação perfeita, completa e dissolvente, dos "outros".

Não é por acaso que o primeiro humanismo — o que se alimenta unicamente do patrimônio clássico — é mais aberto e mais liberal. E é natural: entre dois patrimônios culturais — o clássico e o cristão — é possível escolher ou, de qualquer maneira, chegar a uma espécie de equilíbrio (assim é que, durante este primeiro humanismo, encontramos mais facilmente ensaios de sincretismo entre mundo clássico e cristianismo). Mas se a difusão de conhecimentos relativos aos "outros" do continente americano, deu lugar ao exato sentido de relativismo de um Montaigne (no Cap. 23 do Livro 1.º dos *Ensaios*: "Do costume e de não mudar facilmente uma lei recebida"), por outro lado, levou as grossas fileiras do humanismo a estabelecerem uma unicidade agressiva, voraz, esmagadora.

Realizar a partilha, estabelecer as responsabilidades (não para chegar a condenações, mas para compreender melhor os processos pelos quais o fenômeno se formou), saber como uma ideologia humanista (capaz de servir às causas mais variadas e opostas) pode se estabelecer a partir dos conhecimentos trazidos pela descoberta e pela "conquista" de um mundo novo, tal é o objeto verdadeiro de qualquer análise que pretenda, hoje, trazer novas luzes para este grande problema do "humanismo".

"Conquista" e Indústria Mineira

Os historiadores de todos os tempos são marcados por uma imagem, um livro, um pensamento. Não creio estar exagerando ao afirmar que os historiadores de economia de minha geração ficaram impressionados com o gráfico publicado, há mais de 30 anos, por Earl Jefferson Hamilton, que reproduzia as quantidades de ouro e de prata americanos que chegavam em Sevilha. A partir daí, eu me senti atraído a ver esses metais preciosos, não em sua chegada na Europa, mas nos seus próprios locais de origem. Desejei livrar-me de todo o aspecto praticamente místico que na historiografia corrente habitualmente envolve os metais preciosos e quis considerá-los como um produto qualquer e estudá-los em sua produção. Pois al está todo o problema: ver o ouro e a prata americanos na América, significa estudar um fato de produção; vê-los em Sevilha, significa levar em conta um fato de distribuição. Um sem o outro, pouco significa: é preciso começar tentando estabelecer uma ligação.

A produção de metais preciosos na América espanhola passou por uma primeira fase: a da exploração brutal dos *"lavaderos"*, dos garimpeiros. Praticamente em toda a parte, nas novas terras, os espanhóis encontraram areias auríferas. Era quase inevitável: um enorme continente, pouco povoado, onde, no conjunto, o ouro não representava senão um dos critérios de riqueza, mas não o critério absoluto — o que permitiu, no decorrer dos séculos e dos milênios, a formação de depósitos de ouro ao longo dos cursos dos rios e das correntes. Essas fontes rapidamente foram esgotadas: a partir das ilhas, progressivamente, formam-se ciclos locais do ouro: à medida que uma localidade é esgotada, passa-se adiante. É a primeira fase, a dos "conquistadores" que, no fundo, consideram no mesmo plano, despojo, pilhagem de túmulos e exploração de areias auríferas. Assim, por exemplo, um Pedro de Valdivia, que poderia ter obtido minas de prata no Peru, prefere participar da aventura chilena, em busca do ouro, do ouro em pó. Pois é essencialmente a idade do ouro. De um modo geral, na metade do século XVI, esse ciclo do ouro está terminado. Não é que não seja mais produzido; mas digamos que o ouro de superfície está quase completamente esgotado, a partir dessa época. Nesse momento começa o trabalho das minas. Não é por acaso que a descoberta das grandes minas se dá exatamente nesse momento, após o encerramento do ciclo do ouro em pó: Potosí, 1545; Zacatecas, 1548: Guanajuato, 1558.

No interior desse imenso império espanhol formam-se duas grandes zonas mineiras: a "mexicana", de um lado; a "peruana", do outro: entre as duas, desde o sul até o norte, depois de Hualgayoc somente são verdadeiramente importantes as lavagens de ouro do Choco e de Antioquia na Colômbia, e as minas, também, de ouro de Zaruma e de Zamora no atual Equador.

As duas grandes zonas mineiras, "peruana" e "mexicana", apresentam semelhanças: em primeiro lugar, a inacessibilidade dos locais e a extrema dificuldade (sobretudo no caso do Peru) apresentada pelas condições climáticas. Isso representa, certamente, algumas desvantagens. A vantagem essencial, entretanto, está no fato de que as minas se encontram no interior dos velhos impérios inca e asteca, que haviam mantido uma certa disciplina de trabalho com as suas populações. É uma vantagem enorme; pois, a partir disso é que será possível impor o trabalho às populações aborígenes. Realmente é extraordinário constatar que nessas duas zonas mineiras — a "peruana" e a "mexicana" — a escravidão negra representou apenas um fenômeno inteiramente marginal. Por outro lado, nas regiões de Antioquia e de Choco os negros escravos forneceram seu trabalho, apesar do fato das condições de clima não serem as melhores para permitir sua adaptação. O fato é que os índios dessa região são *índios bravos,* índios livres, que sempre permaneceram fora de qualquer quadro de organização de trabalho.

Aí está o ponto principal. Gostaria de me deter particularmente nesse aspecto, pois estou convencido que se trata da base de tudo. Estamos habituados, há muito tempo, a considerar os metais preciosos como os fatores da formação dos preços de todos os bens de que o homem dispõe. Isso é verdade apenas em parte. Mas não se deve esquecer que o ouro e a prata também possuem o seu próprio preço.

Ora, para uma economia como a dos séculos XVI, XVII e XVIII, que não demanda grandes capitais fixos para gastos de ordem técnica, em uma economia desse gênero o preço dos metais preciosos é constituído de dois fatores:

a) mão-de-obra;

b) riqueza intrínseca da fonte de produção.

Ora, é necessário precisar imediatamente que as minas americanas são de um teor metálico, em média inferior, bastante inferior ao das minas européias. Certamente, foram encontradas pepitas de ouro de vários quilos; também foram encontrados montes de prata de vários quintais[1]. Mas esses achados são bons para criar, confirmar e manter um mito do Eldorado, não para exprimir a realidade da situação econômica. Pois, na realidade, a situação é diferente: em geral, de uma mesma quantidade de minério extraída de uma mina européia e de uma mina americana, obter-se-á mais dinheiro (ou ouro) da primeira do que da segunda. Isto em média; e entretanto, os metais preciosos americanos literalmente esmagaram as reservas européias, desde a sua entrada no mercado inter-

(1) *Quintal*: antigo peso de quatro arrobas. (N. da T.)

nacional. Portanto é evidente que na América, a produção desses metais preciosos fica mais barata. A economia — a única — possível é a que se pode fazer sobre a mão-de-obra, sobre a força do trabalho.

Alexandre Von Humdboldt (*Essai politique sur le Royaume de la Nouvelle Espagne*), já no início do século passado, dizia claramente: "Não é, pois, como foi possível acreditar por muito tempo, pela riqueza intrínseca dos minérios, e, sobretudo, pela grande abundância com que se encontram no seio da terra, *e pela facilidade de sua exploração*, que as minas da América se distinguem das da Europa." Como sempre, Von Humboldt colocava claramente o problema: "*a facilidade de sua exploração*". Aí está o núcleo do problema.

Alguns visitantes disseram a respeito de Potosi que era "*la boca del infierno*"; das minas de mercúrio de Huancavelica, disseram que era um "*matadero público*". Tomaremos tais descrições ao pé da letra, Será preciso crer na prática dos índios, de torcer uma perna dos filhos imediatamente após o seu nascimento, para que mancassem por toda a vida, e assim ficassem isentos do serviço obrigatório nas minas? Não quero entrar nesse terreno, bastante complicado, das polêmicas entre partidários da "legenda cor-de-rosa" e da "negra". O problema não é de legendas, nem de cores mais ou menos simpáticas. Em primeiro lugar existem fatos: a "*mita*" de Potosí (isto é, o sistema de trabalho forçado) estende-se por várias centenas e até milhares de quilômetros; em certos momentos, 14,28% dos índios que moravam nas aldeias postas ao serviço de Potosí, devem abandonar seu *pueblo* para ir trabalhar em Potosí; aldeias inteiras, por ocasião das visistas de autoridades religiosas, mostram-se povoadas apenas por velhos, mulheres e crianças, os homens estando na "*mita*" ou tendo fugido para não ter que ir para lá. Esses índios — legenda cor-de-rosa ou negra postas à parte — constituem uma mão-de-obra barata. É claro, progressivamente — em relação com a redução da população indígena — houve mudança de estatuto para esses trabalhadores: falou-se na formação de uma classe assalariada. É incontestável que alguns índios, depois de terminarem seu horário de trabalho obrigatório em uma mina, continuam a trabalhar. Deixemos de lado as razões dessa permanência. Mas será necessário deter-se um pouco mais sobre a posição desses trabalhadores livres que alugam seus braços em troca de um salário. Creio que é necessário precisar, em primeiro lugar, que o salário é muitas vezes pago, na maioria dos casos, em espécie e não em moeda. Assim, o aspecto "salarial" do pagamento já se acha deturpado. Mas há mais uma coisa. A liberdade desse assalariado é extremamente limitada: na verdade, em conseqüência do tipo de remuneração que recebe (em produtos: farinha, carne-seca, folhas de coca, *aguardiente,* fumo e alguns artigos de vestuário), é levado, inevitavelmente, a endividar-se. E contrair dívidas é tanto mais grave, pelo fato de que não recebe dinheiro, e de que não tem outra fonte de crédito possível senão a própria pessoa que o faz trabalhar. Automaticamente, ele perde a liberdade de escolher seu local de trabalho; aliás, as leis lá estão para fixar a estabilidade desses "assalariados", proibindo os proprietários de minas a contratar qualquer trabalhador que não esteja munido de um atestado de seu antigo empregador, segundo o qual ele não lhe deve nada.

Uma outra forma de atração de mão-de-obra é, por exemplo, a *dobla,* uma instituição através da qual o proprietário de um filão mineiro *empresta* a um trabalhador (ou melhor: a um grupo de trabalhadores) um filão, para que eles ali trabalhem da noite do sábado à manhã de segunda-feira. Um terço do minério extraído vai para o proprietário; os outros dois terços ficam para os trabalhadores. Tudo parece ir muito bem. Mas, na realidade, estar com quintais de minério ao sair da mina, não significa possuir gramas de metal precioso: é preciso levá-lo ao moinho; é preciso fazê-lo passar pelo processo de amálgama; é preciso separá-lo. Ora, esses trabalhadores não possuem meios para mandar fazer tais operações: em resumo, são obrigados a vender a baixo preço os quintais de minério para o explorador da mina...

Uma última forma de trabalho deve ser examinada: a escravidão. A escravidão negra é seguramente a mais importante; mas não se deve esquecer (principalmente quanto ao século XVI) a escravidão dos índios da América. Muito numerosas no Chile — onde os "índios de guerra", entenda-se os índios *"araucanos"* revoltados e escravizados ao serem aprisionados, — também acontece em outros lugares: no Alto Peru, por exemplo, de onde partem expedições — as *"malocas"* — em busca de escravos. Mas, repito, no plano da escravidão, não há dúvida que o essencial está representado pela mão-de-obra negra que, na zona da atual Colômbia, fará o essencial do trabalho mineiro. Os escravos negros custam caro e, no trabalho das minas, se desgastam rapidamente.

Essas formas de exploração do trabalho do homem pelo homem não passam sem numerosos inconvenientes, múltiplas dificuldades. Conseguir mão-de-obra indígena representa um problema sério que, às vezes, acentua os contrastes profundos de interesses entre proprietários de minas e proprietários agrícolas. A propósito, será preciso ficar atento ao fato de que, às vezes, certas defesas dos índios, vítimas do trabalho mineiro, são a expressão de interesses de outros grupos econômicos, que, denunciando as condições desumanas da vida nas minas, querem simplesmente fazer a mão-de-obra índia passar para a agricultura.

Uma outra complicação virá diretamente dos índios, dos escravos que, exasperados, escolherão a fuga, a revolta individual, a revolta coletiva. A fuga: de fato, o número de índios vagabundos que se encontram por toda a parte, nos caminhos da América, é impressionante. A revolta individual, o que representa? O assassinato de um *encomendero*, de um *corregidor*, de um *protector de indios*. Depois, tudo volta a ser como antes: o sistema é rígido demais para que seja verdadeiramente possível escapar dele. Os escravos negros fogem em grande número, é verdade: são os *"negros cimarrones"*, que se agrupam e chegam a formar verdadeiros redutos, repúblicas, que resistem por anos, às vezes, por décadas. Os negros das minas colombianas organização, entre 1750 e 1790, o que Jaramillo Uribe não hesita em definir como uma verdadeira guerra civil, levando à formação de numerosos *"palenques"*, redutos de negros que se libertaram. O fenômeno é freqüente, de um modo geral, na América. Citarei apenas o *"palenque"* de São Basílio que, fundado pelo escravo fugitivo Dionisio Bicho em 1599-1600, se afirmará e chegará a ter, durante o século XVIII, uma existência oficial. Fenômeno negro, mas também índio. Já começamos a conhecer a história das freqüentes revoltas indígenas. Mas como esquecer que a grande revolta de 1780-1783, a que, sob a direção de Tupac Amaru, agitou inteiramente o imenso vice-reino do Peru, encontra suas raízes também no grave problema do trabalho obrigatório nas minas e seu centro de explosão exatamente na zona mineira do Alto Peru?

Resumi os diferentes tipos de relações de trabalho que se instauraram no mundo mineiro americano. Apenas foram mencionadas as formas preponderantes; mas não há dúvida que, para certas categorias e em certas zonas (sobretudo no México), verdadeiras formas de trabalho assalariado se estabeleceram. Tais estabelecimentos são, todavia, essencialmente esporádicos e tardios — do fim do século XVIII. Portanto, resta saber que, para um julgamento de conjunto sobre a indústria mineira na América espanhola, na época colonial, o ponto essencial deve ser visto nas formas de trabalho que os nossos colegas americanos denominam com uma bela palavra: *"compulsivas"*. Gostaria, então, de tentar resumir o que tenho indicado até aqui. Um primeiro passo nesse sentido pode ser a tentativa de ver um pouco mais de perto a rentabilidade da exploração mineira americana. O primeiro elemento nos é dado pela página, já clássica, de Alexandre Von Humboldt, na qual apresenta os dados relativos à exploração da mina de Himmelsfurst, na Saxônia, e a de Valenciana, no México. Escolhi o exemplo mais desfavorável para apresentação da minha tese, o que será ainda mais significativo.

Desfavorável: de fato, Valenciana é uma das minas "modelo" da América, uma das mais "modernas". Ora, em 1803, ela produziu 360 000 marcos de prata. Os gastos de produção foram de 5 000 000 francos. Significa que cada marco de prata custou cerca de 14 francos. A mina de Himmelsfurst produziu 10 000 marcos; os gastos foram de 240 000 francos; significa que o preço de custo de cada marco de prata foi de 24 francos. Quase o dobro! Poderíamos crer que isso depende da maior riqueza do minério mexicano. Na realidade, não é nada disso, pois o minério de Himmelsfurst é o mais rico: na verdade, os 10 000 marcos de prata foram obtidos a partir de 14 000 quintais de minério, o que quer dizer que, para obter um marco de prata, 1,40 quintal de minério foi "trabalhado". No caso da Valenciana, para obter os 360 000 marcos de prata, foi preciso "trabalhar" 720 000 quintais de minério. Em outras palavras, cada quintal de minério contém, na Valenciana, 4 onças de prata, contra 6 a 7 na mina de Himmelsfurst. Para não continuar apresentando números, direi simplesmente que todos os fatores se apresentam a favor desta última, exceto pelo fato de que a mina de Himmelsfurst apresentava uma infiltração de água de oito pés cúbicos por minuto (o que não é muito), face à ausência total de água na Valenciana. Von Humboldt, examinando a situação da Valenciana no período de 1794-1802, podia dizer: "é verdade que os gastos de explorações da mina de Valenciana dobraram no período de dez anos; mas o lucro dos acionistas permaneceu o mesmo..." É preciso reconhecer que se trata de critérios econômicos não estranhos, mas certamente não correntes na economia européia da mesma época.

Eu poderia apresentar outros casos, em grande número. Os resultados seriam diferentes somente no sentido de serem mais claros ainda: os lucros, nesse mundo mineiro, são enormes. Mas, exatamente porque são enormes, é que acarretam uma espécie de espírito de jogo. A atividade mineira é essencialmente um jogo, no qual se ganha — quando se ganha — muito dinheiro. Algumas vezes, o *"minero"* também perde.

Mas chegou o momento de falar precisamente desses *"mineros"*. Quem são? Aquele que procura (e acha) filões, é um *minero;* aquele que é proprietário de uma mina e a explora, também o é; aquele que aluga um filão e o explora por sua conta, esse também é um *minero*. Um mundo fraco, instável. Certamente, grandes figuras aparecem, tais como Diego de Arco que, no meio do século XVI, palmilhou uma boa parte do atual Equador, procurando e encontrando minas de ouro. Mas, repito, no conjunto trata-se de um mundo economicamente fraco; são sempre pessoas que não possuem o *"avio"* suficiente, isto é, capital de giro. Ora, o capital é representado em primeiro lugar pela mão--de-obra. Para entrar verdadeiramente no mundo das minas, mais do que encontrar filões ou ser proprietário, é preciso ser um *encomendero*. Uma pessoa à qual é confiado o encargo, o mais agradável de todos, de ser dono da força de trabalho de algumas aldeias de índios. Falemos simplesmente: é inútil ser proprietário de uma mina de prata, apenas, pois são necessários homens para fazer o trabalho. Se, ao lado desse proprietário, há uma outra pessoa que pode exercer direitos sobre os índios, este é o que se encontra em posição vantajosa, de força. É-se *encomendero* pela graça do Soberano, porque se é *conquistador,* filho, neto, viúva de *conquistador,* porque se tem boas relações com o poder, por todas as razões que se quiser, mas não por razões verdadeiramente econômicas. O *encomendero* é, então, o verdadeiro "minero" americano? Em certo nível, sim; mas no ciclo completo de produção, não. Na verdade, ao nível do *encomendero,* retira-se o minério, milhares, centenas de milhares, milhões de quintais de minério. Mas ainda não se tem nas mãos boas barras de metal precioso. É necessário moer o minério: portanto precisa-se de moinhos; depois é preciso separar a parte inútil da parte preciosa: é necessário, portanto, realizar o processo de amálgama ou de fundição. Ora, os casos de produção em ciclo completo — desde a extração do minério até à barra de metal precioso — são extremamente raros na América. Os homens dos moinhos e das operações de refinação em geral, não são os mesmos homens da extração. E é inevitável que os últimos suportem a lei dos primeiros. Mas o ciclo não pára aí. Insisti no fato de que a maior parte das minas fica afastada das zonas urbanas; ora, cada barra de metal, antes de ser posta em circulação, deve ser *quintada,* marcada com o selo real. Não é uma operação complicada, mas longa, pois é preciso transportar o metal para a cidade. Os *mineros* não podem esperar: eles precisam cobrir os seus gastos o mais cedo possível. É necessário, então, que outros "especialistas" se encarreguem dessa última fase: eles pagarão as barras de metal precioso a preço baixo e se encarregarão das operações do "quinto" ou, mais simplesmente, as exportarão sob forma de contrabando. São mercadores e, na verdade, são chamados de *"mercaderes"*. São eles que adiantam a prata/ moeda, o mercúrio, as ferramentas. São eles que monopolizam atividades, capitais, benefícios.

Este sistema certamente determinou em boa parte o tipo de trabalho que se faz na maioria das minas americanas durante todo o período colonial. Em uma palavra, não hesitarei em defini-lo como um sistema de rapina. Investimentos mínimos, de início; rapina, em seguida. Entre centenas de exemplos que se podem dar, apresentarei apenas um. Acontecia, às vezes, que no decorrer da exploração de um filão, chegava-se a um bolsão, uma vasta concentração de minério. O trabalho de exploração desse bolsão provocava a criação de vastos locais, imensos salões. Para sustentar a abóbada, era necessário deixar espécies de pilares. Ora, era freqüente, praticamente em todos os lugares, começar o desgaste em um dado momento, dessas colunas... até que a abóbada desmoronasse. Não choremos a morte de centenas de operários (índios, na maioria), mas notemos que esses desmoronamentos, às vezes, paralisavam a continuidade dos trabalhos no conjunto da mina, durante períodos de tempo muito grandes. A suspensão dos benefícios era uma perda mais grave do que o ganho modesto assegurado pelo pouco minério extraído com a imprudente operação de desgaste dos blocos de sustentação.

Até aqui, apenas desenhei um retrato negro dessa atividade econômica representada pela exploração mineira. É necessário apresentar também os aspectos positivos. Em primeiro lugar, acho necessário indicar que essa atividade mineira contribuiu para criar uma certa rede urbana. Ao redor das minas, formaram-se aglomerações urbanas que, algumas vezes, se transformaram em verdadeiras cidades. É o caso de Potosí:

a mais de 4 000 metros de altura acima do mar, Potosí chegará a ter, aproximadamente um século depois da descoberta do "cerrorico", entre 150 000 e 160 000 habitantes. Cidades ricas, luxuosas: igrejas magníficas, palácios suntuosos, prostituição, jogo. Mas trata-se de cidades instáveis cuja vida está ligada à duração de produção das reservas de minério e nas quais não chega a se fixar um complexo econômico, uma rede de atividades independentes da vida das minas. Essas grandes aglomerações determinam também — nos locais onde as condições climáticas permitem — atividades agrícolas: é preciso alimentar esses homens que se juntam. O que não é possível produzir no local, é preciso transportar nas costas do homem, do jumento, da lhama. Trata-se de um movimento que cria ligações geográficas muito amplas: sem falar dos tecidos, livros, objetos artesanais preciosos que chegam da Europa. É suficiente contar que uma zona como a de Potosí, recebe, todos os anos, vários milhares de jumentos de Buenos Aires: milhares de quilômetros são assim percorridos por numerosos rebanhos, que chegam dizimados a Potosí (onde, aliás, terão vida extremamente curta). Em tais condições, tudo é raro, tudo é caro. Às condições iniciais de fato, que já levam a uma estruturação extremamente rígida entre ricos e pobres, sem classe intermediária, ou quase, juntam-se a carestia e a raridade dos produtos que, tornando mais difícil a aquisição de sinais exteriores de riqueza — tão importante em uma sociedade como a hispano-americana —, marcam ainda mais fortemente a estruturação social. Mais do que de ricos e pobres, será necessário falar de riquíssimos e de miseráveis... A permeabilidade social não existe: um golpe de sorte pode levar de cima para baixo e vice-versa, mas não se pode falar de um verdadeiro intercâmbio social. O único intercâmbio social que se pode constar é o que se pode ser feito em volta de uma mesa de jogo, onde as fortunas passam, às vezes, do jogador mais rico ao que começou seu jogo com quase nada. As biografias de certos grandes "mineros" são extremamente significativas a esse respeito.

A de Joseph de Laborde, que chegou muito pobre ao México, é das mais reveladoras. Primeiramente, ele enriquece, prodigiosamente, com a mina da Cañada, em 1743. Constrói, com uma parte de sua fortuna, assim acumulada, uma igreja em Tasco, que lhe custou 400 000 pesos aproximadamente... A miséria chega; o arcebispo de Tasco lhe devolve, então, um sol de ouro, enfeitado de diamantes, que ele havia oferecido à igreja. O valor dele é considerável: cerca de 100 000 pesos. Com esse dinheiro ele se lança novamente no trabalho das minas e o desperdiça na tentativa de recolocar em funcionamento a mina da Quebradilla. Falência; com os últimos tostões que lhe restam, ele tenta mais uma vez: vai dar na "veta grande", o grande filão do poço de "la Esperanza". O nome era bom e a esperança se realizou. Joseph de Laborde morreu milionário. Tudo isso daria um bom cenário de filme... e entretanto, apenas trabalhei com documentos e testemunhos seguros. Nesses documentos e testemunhos, a palavra que surge mais freqüentemente é *aventura, aventurero*. De fato, tudo é arriscado, casual: mundo sem raízes (um documento chileno do final do século XVIII diz que os *mineros* gostam do celibato), no qual as relações pessoais são das mais instáveis, das mais frágeis. Nessas condições, é claro que as cidades também estão destinadas a se perderem: a maioria delas está hoje reduzida a pequenas aldeias miseráveis. Potosí, que chegara a ter entre 150 000 e 160 000 habitantes, nos meados do século XVIII, hoje não tem mais de 53 000 e é uma cidade completamente morta, com suas 25 igrejas vazias...

Economia Natural e Economia Monetária

Quando estudamos os metais americanos em sua chegada na Europa, percebemo-los sob uma forma dupla: em barras e em moedas. O primeiro aspecto não apresenta um verdadeiro interesse: pode dar lugar a considerações de detalhe que não nos interessam aqui. Mas as moedas devem reter nossa atenção. Essas moedas são cunhadas na América: no México, em Lima, Potosí, São Domingos, Popayan, Santiago do Chile, onde Casas da Moeda foram progressivamente postas a funcionar. Nos meados do século XVIII, a rede de Casas da Moeda é suficientemente grande. Se lermos as diferentes *cédulas* que criam essas Casas da Moeda — sobretudo as primeiras, as da cidade do México e de Lima — vemos que uma das razões pelas quais o rei autoriza a criação desses estabelecimentos públicos, é que é preciso cunhar a moeda para as necessidades locais: assim, das peças de oito réis até um quarto de real, são indicadas as proporções das emissões totais. Tudo está em ordem; tudo é perfeito; tudo está previsto. Em princípio, de acordo com as *cédulas,* a circulação monetária americana fica assegurada não apenas de um ponto de vista quantitativo, mas também sob o aspecto qualitativo. Esse aspecto qualitativo da circulação monetária é extremamente importante em qualquer mecanismo econômico, de ontem e de hoje, na Europa, e em todos os outros lugares. Ora, na verdade, nas Casas da Moeda americanas, as emissões são essencialmente de um tipo que eu chamaria tranqüilamente de "aristocrático". Eu explico. As emissões são compostas essencialmente de grandes moedas; as moedas de um quarto de real, os *quartillos,* serão cunhadas em quantidades mínimas, no século XVI. Depois, desaparecerão até 1791/1793. Acrescente-se ainda a inexistência de moedas de cobre ou de bilhão. As primeiras moedas de cobre datam dos anos 20 do século XIX.

Nessas condições, eis o que acontece: as moedas grandes partem todas em direção à Europa; as pequenas, são cunhadas em pouca quantidade; as pequenininhas, não são absolutamente cunhadas. O resultado, à primeira vista, é simplesmente paradoxal: não existem moedas em circulação... Portanto, montanhas — no sentido próprio e figurado — de metais preciosos extraídos; milhões de moedas cunhadas: na verdade, nada — ou quase nada — em circulação! De tudo isso, numerosos documentos são testemunhas: em todas as regiões do Império, em todos os tempos. As opiniões são concordes em reconhece-la insuficiência de moedas na América. A rigor, encontra-se sempre uma certa quantidade de moedas grandes; as pequenas não existem. A vida econômica quotidiana se complica, então, de uma maneira extraordinária. Do México ao Chile, por toda a parte, é-se obrigado a recorrer a "símbolos" de valor feitos de couro, de madeira, de latão, que substituam as moedas divisionárias, cronicamente em falta. Mas, sobre tudo isso, eu voltarei dentro em pouco. Agora preciso abrir um parêntese.

Robertson avaliava os metais preciosos chegados da América à Europa, de 1492 a 1775 em 8 800 000 000 de pesos; Ustariz, para o período de 1492-1724, indicava 3 536 000 000 de pesos; Necker, para os anos de 1763 a 1777, 304 000 000. Solorzano, Moncada, Navarete, Raynal, Gerboux apresentam ainda outras cifras. Todas discutíveis. Mas o problema não é discuti-las. As cifras devem servir para simplesmente dar uma ordem de grandeza e, além do mais, devem servir para testemunhar a existência de laços entre a Europa e a América. São laços suficientemente estreitos para que importantes quantidades de moeda viagem. Encontramo-nos no centro do nosso tema. Um certo hábito nos leva a considerar as moedas como um bem de um tipo particular. Ora, não é nada disso: as moedas, em particular em um sistema metálico, constituem apenas um bem como qualquer outro. Trata-se de pequenos discos metálicos que respondem a certas características e que contribuem para colocar em movimento outros setores econômicos. Quanto mais a vida econômica européia estava ativa, em expansão, tanto mais necessidade de metais preciosos ela tem. Assim, por exemplo, sustentar — como se fez — que a grande crise européia do século XVII foi determinada pela baixa produção das minas americanas, é um erro pura e simplesmente. Foi exatamente o contrário que se deu: as minas americanas reduziram sua produção porque a vida econômica européia, em fase de estagnação, não tinha necessidade dela, ou pelo menos, tinha uma necessidade reduzida. Isto posto, é claro que a "viagem" das moedas americanas para a Europa testemunha o fato de que a indústria mineira americana está integrada na vida econômica européia. A indústria mineira americana está certamente *inserida* na grande vida econômica internacional. É um fato. Mas é um fato que deve ser explicado. Como se realiza essa *inserção?* Produzindo a preço baixo o "produto" requerido — os "metais preciosos" — como tentei demonstrar. Isto posto, é necessário acrescentar que o movimento produz-se em um único sentido: contra esses envios de metais preciosos, não há retorno (ou melhor dizendo, os retornos são representados pelos bens de consumo e não de produção). Portanto, a inserção da "indústria" mineira hispano-americanas faz-se por uma exploração de rapina das forças de trabalho, realiza-se em resposta às necessidades de uma economia dominante e não coloca em movimento trocas capazes de criar outras riquezas. Aí estão, creio, os limites mais importantes que existem e que me fazem sempre hesitar em empregar a palavra "indústria" a propósito desse fenômeno de extração de minérios nas colônias espanholas da América.

Agora, o parêntese que eu abri por um instante, pode ser considerado fechado.

Portanto, as moedas grandes vão embora. As médias e pequenas são fabricadas em quantidades mínimas; as menores — fracionárias —, não são absolutamente fabricadas.

Em geral, os historiadores da economia, quando falam de "moeda", raciocinam em termos de *oferta* de moeda, de quantidades de moedas que o mercado *oferece,* coloca à disposição dos operadores econômicos. Não acho que seja uma maneira correta de raciocinar. Acredito que o fator *demanda* deva também — e talvez principalmente — ser levado em consideração. Estou convencido disso, sobretudo desde que me preocupo com problemas — históricos e atuais — da economia hispano-americana. À luz de tal consideração, digamos que se as moedas grandes vão embora para a Europa, é porque a demanda européia é forte, mais forte do que a americana. Mas quanto à moeda pequena, é absolutamente impossível imaginar que a demanda de moeda seja inexistente. Qualquer sociedade ligeiramente organizada, mesmo com uma vida econômica pequena, tem necessidade de moeda. Então? Então é preciso chegar à conclusão, — certificada, garantida por inúmeros testemunhos — de que a economia local das colônias é essencialmente uma economia de base natural. As permutas são realizadas sem a moeda, mas através da troca. Com certeza, o intermédio monetário surge como medida de valor: nunca se encontrará no registro de contabilidade de um particular, de um hospital, de um convento, a indicação da troca de um par de sandálias por dez frangos. Sempre aparecerão os preços, expressos em moedas, desses dois produtos, um colocado sob a rubrica das "compras" e o outro sob a rubrica da "venda". Em contabilidades mais aperfeiçoadas, principalmente no século XVIII, serão encontradas até mesmo sob *dare* e *avere*. Mas trata-se apenas de um aspecto formal. Na realidade, é provável que sandálias e frangos tenham sido simplesmente trocados...

Assim, somos obrigados a recorrer às fichas de que falei há pouco. Episódio menor? Curiosidade para numismatas? Não creio. Por outro lado, creio com certeza que se trata de um fenômeno maior que marcou fortemente a economia centro e sul-americana até os dias atuais... O decreto n.º 1 379 da República da Guatemala, de 7 de maio de 1925, diz no artigo 21: *"queda prohibido el empleo de fichas, tarjas, planchuelas u otros objetos de cualquier materia, en sustitución de la moneda legal"*. As zonas de economia natural ainda hoje são muito amplas na América... Ora, o problema das fichas, desses substitutos de moeda, já é muito importante, mas torna-se mais importante quando até mesmo as fichas desaparecem e se é obrigado a recorrer a certos produtos como moeda. Assim apareceu na América espanhola toda uma série de *moedas de la tierra,* isto é, moedas representadas pelo produto mais importante de uma determinada região: folhas de coca no Peru; tecidos no Equador ou no Chile; tábuas de madeira na ilha de Chiloe; grãos de cacau no México e assim por diante. A vida econômica local é regida por esses produtos; o Estado aceita o pagamento dos impostos em produtos naturais; os comerciantes locais realizam todo o circuito de seus negócios baseando-se nesse tipo de moeda; os próprios comerciantes de âmbito internacional realizam uma parte, mais ou menos grande, de seu circuito apoiando-se também nesse tipo de moeda. As conseqüências são extremamente graves: dificuldades de acúmulo de capital, dificuldades na circulação dos bens, dificuldades aumentadas quanto a uma distribuição mais harmoniosa das riquezas. Era praticamente inevitável que a partir dos metais preciosos, eu chegasse às moedas. Talvez seja tempo de voltar aos metais e tentar não tirar uma conclusão do que acabo de dizer, mas tirar uma "lição" que seja uma síntese entre o problema dos metais preciosos e o das moedas (ou da ausência de moedas).

Uma das questões mais importantes que a historiografia teve que resolver, foi a da passagem da economia natural para a economia monetária. Nomes de prestígio, "mestres", se interessaram pelo problema, de Hildebrand a Dopsch, dirigiram sua atenção especialmente para a alta Idade Média. O grande problema foi o de conhecer a relação existente entre as transações efetuadas com o auxílio da moeda e o total de transações efetuadas em um determinado mercado. Denominemos essa relação pela letra N. Se N tem um alto valor, estamos diante de uma economia "monetária"; em caso contrário, diante de uma economia "natural". Como se tratava de teorias construídas para a alta Idade Média, não se dispunha de dados estatísticos e portanto duas hipóteses foram levantadas. A primeira é a de que a oferta de moeda é função da oferta de metal precioso; em segundo lugar, o valor de N é considerado função da oferta de moeda.

Tudo isso é muito lógico. Mas será que a lógica é sempre histórica? E mesmo se ela for histórica, em um determinado momento e em uma certa situação, poderá ela ser histórica — isto é, válida — em um outro momento e em outro lugar? Não creio, apesar do fato das duas hipóteses terem se generalizado suficientemente. Pessoalmente, não penso assim, pelo menos, por dois tipos de razões.

Do ponto de vista da teoria, verdadeira e facilmente, vários pontos são esquecidos. A oferta de moeda é função da oferta de metais preciosos? Teoricamente, de acordo! mas é necessário saber se toda a quantidade de metal disponível é transformada em moeda (ou se está destinada, em maior ou menor parte, à poupança ou à ourivesaria); é preciso saber se a velocidade de circulação da moeda é constante; é preciso saber, também, se de uma mesma quantidade de metal, em um longo período, retira-se sempre a mesma quantidade de moedas.

A segunda hipótese: que N — isto é, a relação das transações monetárias sobre o total das transações efetuadas em um dado mercado — que N, seja função da oferta de moeda. Mais uma vez, teoricamente, de acordo. Mas esta hipótese deveria levar em consideração o movimento dos preços também: com efeito, uma mesma quantidade de moeda, em período de preço em baixa, permite um maior número de transações monetárias, e vice-versa em período de alta dos preços. Por um lado, ela esquece toda uma série de fatores de tipo estrutural ou institucional de natureza a influenciar o valor de N.

Outro tipo de razões pelas quais não compartilho os princípios — e as conseqüências — dessas duas hipóteses, me é ditado exatamente pela experiência do caso americano. Estamos diante de um mundo cuja produção de metais preciosos e cujas emissões monetárias conhecemos, com uma precisão relativa, mas, apesar de tudo, suficiente. Se fosse verdade que a moeda é função dos metais preciosos, as colônias espanholas da América deveriam ter uma circulação monetária extremamente rica. Ora, não acontece nada disso. Se fosse verdade que o valor de N é função da moeda, esse valor deveria ter sido extremamente alto na América espanhola. Ora, sabemos que foi exatamente o contrário...

"Conquista" e Capitalismo

É certo que nas viagens de descoberta, da mesma maneira que nas operações de *conquista*, encontram-se, muitas vezes, *investimentos, capitais* colocados em tais operações. As empresas portuguesas, que parecem dever tudo à realeza, também comportam a participação de capitais privados de comerciantes indígenas e estrangeiros. No caso das viagens espanholas, os grandes capitães espanhóis lançam-se na aventura com o apoio (como Colombo ou Pedrarias Davila) do rei. Mas nas demais expedições há a intervenção de capitais privados espanhóis, genoveses, flamengos, alemães. Quando Villegaignon parte para o Brasil em 1555, sua expedição é financiada pelo rei da França e por particulares que esperam recuperar seus gastos e conseguir benefícios. Certamente não faltam exemplos para nos lembrar desta intervenção de *capitais* em grande parte das expedições (inglesas, por exemplo) dirigidas às Américas. A influência italiana foi muito grande não tanto pela quantidade de dinheiro investido, quanto pelo fato dos italianos chegarem a impor suas técnicas comerciais e suas práticas bancárias: Charles Verlinden o demonstrou claramente *(Précédents médiévaux de la Colonie en Amérique,* México, 1954).

O mesmo fenômeno pode ser lembrado a respeito de certas tentativas de exploração *capitalista* das terras americanas: os exemplos clássicos são representados pela intervenção dos Welser na Venezuela e pelo projeto de intervenção dos Fugger no Chile.

Creio que a linha de separação efetua-se exatamente neste ponto: quantos financiamentos de operações comerciais ligadas a uma viagem, a uma expedição, em geral, tiveram sucesso econômico, outras tantas tentativas de organizar a exploração contínua de uma parte do continente na base de investimentos, não se realizaram: a experiência dos Welser foi catastrófica na Venezuela e os Fugger, mais protegidos pela sorte, não insistiram em seu projeto chileno.

Assim se confirma uma das características essenciais, uma das constantes fundamentais de toda a história econômica européia: o sucesso fica reservado para os capitais mercantis, com uma mobilidade muito grande, capazes de pular de uma operação para outra e de especular elementos simples (como, por exemplo, uma grande diferença de preços entre dois lugares determinados, excluindo todos os riscos). Mas o sucesso escapa a partir do instante em que esses mesmos capitais — que são todos acumulados (nunca se deve esquecer) na base da operação mercantil ou, em alguns casos pouco freqüentes, da renda da terra — investem-se em operações longas, que pressupõem uma grande quantidade de capital fixo e a aceitação de um lucro modesto. É a própria natureza do capital investido que o impede de se transformar em motor daquilo que, com uma palavra moderna (muito freqüente e abusivamente é empregada), nós poderíamos chamar de "capitalismo". O capital mercantil — não acompanhado por outros fatores: em primeiríssimo lugar, a formação do mercado interior e a formação de uma massa de força de trabalho proletarizada e livre — não pode resultar (como nunca resultou) em outra coisa que não seja em formas usuárias de riqueza ou, no máximo, na sua própria perpetuação (de onde, aliás, retirar-se-á, aproveitando a escassez do capital fixo investido ao primeiro sinal negativo da conjuntura comercial).

Aqui está um primeiro limite ao emprego da palavra "capitalismo" no contexto colonial (como aliás em qualquer contexto econômico precedendo a revolução industrial).

Mas há um outro princípio que deve nos inspirar no emprego da palavra capitalismo: este último não tem nenhum sentido quando indica simplesmente a presença de moedas sonantes e de peso legal. A presença de capitais não cria automaticamente o capitalismo, como se poderia acreditar por ingenuidade intelectual. O ponto principal para se falar em capitalismo, são as relações internas de produção e de modo algum as relações internas de distribuição comercial. O problema não é de ordem semântica ou formal. Nem mesmo é de ordem puramente histórica: não se refere apenas ao passado, mas investe o presente. Pois, na verdade, saber se os primeiros investimentos de capitais na América Central e Meridional tinham ou não um caráter capitalista significa, quase automaticamente, definir o caráter da economia de hoje. Se o capitalismo já existia no século XVI, com mais razão, ainda, está presente hoje. Se, ao contrário, no século XVI existiam alguns capitais mas não capitalismo, isso pode significar, mas não obrigatoriamente, que não existe capitalismo atualmente, ou então, ele se acha misturado com fortes reminiscências de outra coisa (que se poderia denominar *feudalismo?*). Colocar o problema de outra forma e decidir, previamente a qualquer pesquisa, que as desgraças da América Central e Meridional de ontem e de hoje devam ligar-se ao capitalismo, constitui uma simplificação, inexata do ponto de vista da honestidade científica e inútil ao nível do combate político. É o destino do trabalho de André Gunder Frank (*Capitalism and Underdevelopment in Latin America,* New York, 1967; trad. fr. 1969), onde o problema nunca é colocado corretamente e dá a impressão de voltar à época de Mommsen para quem qualquer economia monetária era "capitalista": Marx bem cedo demonstrou a falsidade desse tipo de interpretação.

O que conta, de fato, não é encontrar capitais investidos ao nível comercial ou homens munidos de muito dinheiro. O verdadeiro problema continua sendo, quer queiramos ou não, saber de que maneira esse capital comercial pode criar uma economia capitalista. Ora, creio ter suficientemente insistido nisso, nas páginas precedentes, o essencial das relações de produção, no mundo americano da *conquista* (uma *conquista* que se estende até hoje), é do tipo feudal. E não se fará desaparecer esse sistema com um golpe de mágica.

América "Latina"

O belo livro de E. O'Gorman (*La invención de América,* México, 1958) se propôs a estudar quando e como aparece a América na consciência histórica. Tema importante da história das idéias. Infelizmente não dispomos de um trabalho semelhante para nos indicar com precisão onde e quando a América "latina" foi inventada. Pois, aqui também, nos encontramos diante de uma "invenção"... A "latinidade" da América é um rótulo que vem em grande parte da política de Napoleão: e devia constituir uma espécie de preparação psicológica à operação mexicana. Combatida, muito naturalmente, por Madrid (em nome da *hispanidad*) e pelos E.U.A. (em nome do pan-americanismo), a definição conheceu um sucesso total e hoje foi unanimemente adotada pela imprensa, pelo rádio, pelas mais diferentes opiniões de todos os países do mundo.

Certamente não quero mudá-la ou tentar mudá-la mas me parece que, apesar de tudo, essa "latinidade" da América Central e Meridional constitui um problema que merece ser considerado mais de perto. Que certas classes dirigentes tenham ficado fascinadas com os aspectos mais brilhantes (*ipso facto,* freqüentemente, os mais falsos) da cultura francesa, é incontestável. É igualmente incontestável que outros grupos — mais retrógrados — acreditaram poder verdadeiramente enraizar-se no *Don Quijote,* ato de fidelidade gratuita a uma imaginária comunidade espiritual do passado.

Mas em profundidade, por trás das atitudes dos grupos dirigentes, os países da América central e meridional criavam-se (ou não), amadureciam fora de qualquer "latinidade": para tanto contribuíam — além das populações indígenas — camponeses italianos, poloneses dos campos e dos guetos, alemães das minas, franceses das vinhas. Com certeza, apesar disso, sempre subsistia a dependência americana com relação aos esquemas culturais europeus. Pablo Neruda, com sua perspicácia habitual, observou isso, falando dos anos vinte do nosso século; diz ele *"nos llenábamos la cabeza con lo último de los transatlánticos"* (enchíamos a cabeça com as últimas novidades que os navios nos traziam). Ali estava certamente a América "latina". Em seguida, para definir seu país, para se definirem a si próprios, os americanos (pelo menos, os melhores) sempre prestaram menos atenção aos barcos, aos aviões..., com seus carregamentos de livros, de revistas, de conceitos europeus. Entre os intelectuais e os políticos menos lúcidos, tal recusa deu lugar a formas absurdas de provincialismo, de *"criollismo";* mas tratava-se, na realidade de um fenômeno menor, que se deve considerar como o preço necessário a pagar para obter a liberdade, o privilégio, a honra de serem americanos e apenas americanos. De qualquer modo, houve reação a esse provincialismo, e assim a América Central e Meridional se torna progressivamente "americana", o que não significa recusar idéias de outros continentes, mas simples adaptação dessas idéias a situações tipicamente americanas. Nesse processo que já dura uns trinta anos (e tanto pior para todos aqueles que, na América e fora da América, não tomaram consciência do fato), é evidente que a expressão "latina" adquiriu novas dimensões, um novo sentido. Tanto mais novo quanto paralelamente afirmava-se um outro fenômeno: a tendência "indianista". Esta incontestavelmente teve o defeito de se apresentar, às vezes, sob um tom um pouco lamentativo, contraditório, com marcas de intolerância, de superioridade e no limite do racismo ao ao inverso. Tudo isso não podia ir muito longe. Mas é incontestável que essa tendência teve o mérito de chamar a atenção para o fato de que uma grande parte da população americana era indígena: sua cultura, sua língua, sua etnia, seu desejo de viver eram índios. Assim, enquanto por milhares de sinais, a América central e meridional afirma sempre mais sua vontade de ser americana; enquanto que, conseqüentemente, o velho adjetivo "latino" se encarrega de significados novos e sobretudo de limites, o aspecto "índio" da América alcança todo o seu destaque (A. Lipschutz, *El problema racial en la conquista de América, y el mestizaje,* Santiago do Chile, 1967). Da mesma maneira, todo o aspecto "negro" (Roger Bastide, *Les Amériques noires,* Paris, 1967) se apresenta agora com uma densidade desconhecida há somente trinta anos. Substituiremos, pois, a expressão "latina" por "indiana" ou "negra"? Seria seguramente um erro, um outro erro. Depois de Steward, Germán Arciniegas mostrou claramente "Las cuatro Américas", em *La Gaceta del Fondo de Cultura Económica,* XIII (1966), n.º 145), todos os paradoxos contidos nos nomes que recobrem os nomes das Américas.

Não se deveria, pois, acrescentar confusão à confusão, nem evitar aumentá-la, deixando persistir a confusão atual e real: confusão fundamental, intrínseca, e não com relação a uma hipotética "ordem" cujos padrões ficariam depositados nos céus. Como não perceber que a definição "latina" não compreende mais a realidade da América Central e Meridional? Ninguém ousaria, e de fato ninguém ousa, falar da "latinidade" da América na época colonial: o acordo, a esse respeito, é total. Por outro lado, para o período que se estende da metade do século XIX aos trinta primeiros anos do século XX, ele existe a propósito da definição de "latina": e, isto, repito, me parece formalmente justo.

Os quadros do país sendo naquele momento de formação (e de aspiração) essencialmente francesa, a definição fica correta (mesmo se pensarmos que nessa mesma época de plena "latinidade", a parte mais importante e ativa dos interesses na América Central e Meridional era de origem anglo-saxônica. Mas hoje, assistimos a dois fenômenos concomitantes e, às vezes, opostos. Por um lado, há um incontestável despertar das massas americanas. Penosa e mais ou menos claramente, as massas intervêm no debate interno da America Central e Meridional. Por um outro lado, há também as classes dirigentes que se orientam por formas de pensamento e estilos de vida que provêm dos E.U.A. Outro fenômeno — menor, este — constituído pelos quadros de oposição que recusam esquemas, ideologias, modelos originários dos E.U.A., ou saindo da "latinidade" para se orientar em direção a patrimônios culturais russos, chineses ou... americanos... do centro e do sul. Em tais condições, abandonar a definição "latina" seria agir sabiamente: mas uma sabedoria que deveria ser apoiada por um imenso poder sobre a imprensa, o rádio, a televisão, de todo o mundo. Tal poder pertence apenas aos intelectuais... Equivale a renunciar. O que não significa aceitar passivamente. Será preciso procurar saber o que pode significar hoje a "latinidade" da América. Seguramente não é possível dar aqui nem mesmo as indicações do trabalho que resta fazer; nós assinalamos esse problema no fim destas páginas sobre a *conquista* somente para não nos tornarmos cúmplices de um prolongamento da *conquista*.

BIBLIOGRAFIA

Sobre os problemas de conjunto da conquista e sobre os conquistadores, cf. J. LAFAYE, *Les conquistadores*, Paris, 1964; F. A. KIRKPATRICK, *The Spanish Conquistadors*, Cambridge, 1934; P. CHAUNU, *Conquête et exploitation des nouveaux mondes* (século XVI), Paris, 1969, com uma abundante bibliografia; J. VICENS VIVES, *Historia social y económica de España y América*, Barcelona, t. II e III, 1957; C. H. HARING, *The Spanish Empire in America*, New York, 1947; R. B. MERRIMAN, *The rise of the Spanish Empire in the Old World and in the New*, New York, 1962, 4 v.

Ensaios sobre os conquistadores mais importantes: C. PEREYRA, *Hernán Cortés*, Madri, 1931; P. Alvarez RUBIANO, *Pedrarias Davila*, Madri, 1944; R. MELLAFE e S. VILLALOBOS, *Diego de Almagro*, Santiago do Chile, 1954; J. EYZAGUIRRE, *Ventura de Pedro de Valdivia*, Santiago do Chile, 1953; *Estudios cortesianos, recopilados con motivo del IV centenario de la muerte de Hernán Cortés* (1547-1947), Madri, 1948; G. ARCINIEGAS, *Jimenez de Quesada*, Bogotá, 1939; S. HUBER, *Pizarre et ses frères, conquérants de l'Empire des Incas*, Paris, 1964; S. CLISSOLD, *Conquistador: the life of Don Pedro Sarmiento de Gamboa*, Londres, 1954.

Os aspectos militares da conquista foram estudados de um modo extremamente interessante por A. A. SALAS em seu livro fundamental, *Las armas de la conquista*, Buenos Aires, 1950. A reconstituição mais completa da capacidade de defesa dos índios, em A. JARA, *Guerre et Société au Chili — Essai de Sociologie coloniale*, Paris, 1961.

Sobre a "conquista espiritual" das Américas, cf. F. ARMAS MEDINA, *Cristianización del Perú*, Sevilha, 1953; P. BORGES, *Métodos misionales en la cristianización de América*, Madri, 1960; J. M. VARGAS, *La conquista espiritual del Imperio de los Incas*, Quito, 1948. Ver também L. HANKE, *The Spanish Struggle for Justice in the Conquest of America*, Filadélfia, 1949 (trad. fr., Paris, 1953, bastante defeituosa).

Sobre a desestruturação cultural, cf, o livro mais importante de N. WACHTEL, *La vision des vaincus*, Paris. Ver também M. LÉON-PORTILLA, *El reverso de la conquista — Relaciones aztecas, mayas e incas*, México, 1964, e, do mesmo, *Visión de los vencidos* — *Relaciones indígenas de la conquista*, México, 1963. Para os aspectos formais da aculturação, v. M. de CARCER Y DISDIER, *Apuntes para la historia de la transculturación Indoespañola*, México, 1953. Sobre as origens sociais dos conquistadores, cf. J. DURAND, *La transformación social del conquistador*, México, 1953, 2 v.; TOMAS THAYER OJEDA — CARLOS J. LARRAIN, *Valdivia y sus compañeros*, Santiago do Chile, 1950. Mas sobretudo será necessário ver o magnífico ensaio de M. GÓNGORA, *Los grupos de conquistadores en .Tierra Firme (1530-1590)* — *Fisionomía histórica-social de un tipo de conquista*, Santiago do Chile, 1962. Finalmente, a esse respeito, v. P. BOYD-BOWMAN, *Índice Geobiográfico de 40 000 pobladores españoles de América en el siglo XVI*, México, 1966-1968, 2 v.

Sobre os livros do conquistador, há a obra de grande beleza, de I. A. LEONARD, *Books of the Brave: being an account of books and of men in the Spanish conquest and settlements of the sixteenth century New World*, New York, 1964.

Sobre a "crise" espanhola do século XIV, cf. P. VILAR, *La Catalogne dans l'Espagne moderne*, Paris, 1962, v. I, pp. 549 e ss.

Sobre a Espanha às vésperas da conquista, cf. J. H. ELLIOT, *Imperial Spain*, Londres, 1963.

Sobre os aspectos "privados" da conquista, cf. S. ZAVALA, *Los intereses particulares en la conquista de la Nueva España*, México, 1964; C. VINAS Y MEY, *El espíritu castellano de aventura y empresa y la España de los Reyes Católicos, in Archivo de Derecho Público*, Granada, V (1952); G. LOHMANN VILLENA, *Les Espinosa* — *Une famille d'hommes d'affaire en Espagne et aux Indes à l'époque de la colonisation*, Paris, 1968.

A respeito da "bandeira" no Brasil, cf. CAPISTRANO DE ABREU, *Caminhos antigos e povoamento do Brasil*, Rio de Janeiro, 1930; A. ELLIS JÚNIOR, *O Bandeirismo paulista e o recuo do Meridiano*, 3. ed.. Brasiliana, V, 36; J. DE ALCÂNTARA MACHADO, Vida e morte do bandeirante, *Rev. dos Tribunaes*, Rio de Janeiro, 1930; A. de E. TAUNAY, *História geral das bandeiras paulistas*, São Paulo, 1930, 6 v.

Sobre a cidade na América Central e Meridional, cf. G. A. KUBLER, Villes et Culture en Amérique latine pendant la période coloniale, *Diogène*, 1964, n. 47; J. L. ROMERO, La ciudad hispanoamericana: historia y situación, *La Torre*-Revista general de la Universidad de Puerto Rico, XIV (1966). Quanto ao "cabildo", cf. F. X. TAPIA, *El cabildo abierto colonial. Un estudio de la naturaleza y desarrollo del cabildo abierto durante los tres siglos de la administración colonial española en América*, Madri, 1966.

Quanto à família do conquistador, cf. G. ADOLFO OTERO, *La vida social en el coloniaje*, La Paz, 1958.

Sobre os problemas da mestiçagem, cf. A. ROSEMBLAT, *La población indígena y el mestizage en América*, Buenos Aires, 1954, 2 v.

Sobre a *encomienda*, os trabalhos mais importantes são os de L. BYRD SIMPSON, *The Encomienda in New Spain*, Berkeley, Los Angeles, 1966; S. ZAVALA, *La encomienda indiana*, Madri, 1935; M. BELAUNDE GUINASSI, *La encomienda en el Perú*, Lima, 1945; D. AMUNÁTEGUI SOLAR, *Las encomiendas de indígenas en Chile*, Santiago do Chile, 1909, 2 v.; E. ARCILA FARIAS, *El régimen de la encomienda en Venezuela*, Sevilha, 1957; J. MIRANDA, *El tributo indígena en la Nueva España durante el siglo XVI*, México, 1952; J. MIRANDA, La função económica del encomendero, em *Anales del Instituto Nacional de Antropología e História*, *II* (1941-1946); M. GÓNGORA, *Encomenderos y estancieros — Estudios acerca de la constitución social aristocrática de Chile después de la Conquista (1580-1660)*, Santiago, 1970.

Sobre as respectivas posições de Las Casas, Sepulveda e Vitória cf. o livro já citado de L. HANKE e J. MIRANDA, *Vitoria y los intereses de la conquista de América*, México, 1947.

A respeito dos aspectos "raciais" da conquista, cf. G. FREIRE, *Maîtres et esclaves*, Paris, 1952; A. LIPSCHUTZ, *El problema racial en la conquista de América, y el mestizaje*, Santiago do Chile, 1967; M. MOERNER, *Le métissage dans l'histoire de l'Amérique latine*, Paris, 1971.

A respeito da eventualidade de um abandono do Peru por Carlos V, cf. M. BATAILLON, "Charles Quint, Las Casas et Vitoria", em *Charles Quint et son temps*, Paris, 1959.

Sobre a conquista do sul do Chile no século XIX, cf. A. LIPSCHUTZ e G. MOSTNY, *Cuatro conferencias sobre los indios fueghinos*, Santiago do Chile, 1950. Quanto à atual conquista da Amazônia, ver L. BODARD, *Le massacre des Indiens*, Paris, 1969 (simples reportagem, mas exata), e J. MEUNIER e A. M. SAVARIN, *Le chant du Silbaco*, Paris, 1969.

Em geral, sobre a condição atual dos índios da América, ver as partes consagradas à América Central e Meridional, no volume publicado pelo Bureau International du Travail, *Les populations aborigènes*, Genebra, 1953.

Sobre a mudança — e a esclerose — da sociedade americana do século XVI ao século XVIII, cf. M. GÓNGORA, *El estado en el derecho indiano. Época de la fundación*, 1492--1570, Santiago do Chile, 1952; R. LEVILLIER, *Don Francisco de Toledo, Supremo Organizador del Virreinato del Perú*, Buenos Aires, 1940-1942, 3 v.; J. M. OTS CAPDEQUI, *El estado español en las Indias*, México, 1957; R. LEVENE, *Introducción a la historia del derecho indiano*, Buenos Aires, 1924; J. LYNCH, *Spanish Colonial Administration*, 1782-1810, Londres, 1958.

Sobre o problema da "legenda negra", cf. Sv. ARNOLDSSON, *La Leyenda Negra. Estudios sobre sus orígines*, em *Acta Universitatis Gotoburgensis*, v. LXVI, Goeteborg, 1960.

Coleção Khronos

1. *O Mercantilismo*, Pierre Deyon
2. *Florença na Época dos Medici*, Alberto Tenenti
3. *O Anti-Semitismo Alemão*, Pierre Sorlin
4. *Os Mecanismos da Conquista Colonial*, Ruggiero Romano
5. *A Revolução Russa de 1917*, Marc Ferro
6. *A Partilha da África Negra*, Henri Brunschwig
7. *As Origens do Fascismo*, Robert Paris
8. *A Revolução Francesa*, Alice Gérard
9. *Heresias Medievais*, Nachman Falbel
10. *Armamentos Nucleares e Guerra Fria*, Claude Delmas
11. *A Descoberta da América*, Marianne Mahn-Lot
12. *As Revoluções do México*, Américo Nunes
13. *O Comércio Ultramarino Espanhol no Prata*, Emanuel Soares da Veiga Garcia
14. *Rosa Luxemburgo e a Espontaneidade Revolucionária*, Daniel Guérin
15. *Teatro e Sociedade: Shakespeare*, Guy Boquet
16. *O Trotskismo*, Jean-Jacques Marie
17. *A Revolução Espanhola 1931-1939*, Pierre Broué
18. *Weimar*, Claude Klein
19. *O Pingo de Azeite: A Instauração da Ditadura*, Paula Beiguelman
20. *As Invasões Normandas: Uma Catástrofe?*, Albert D'Haenens
21. *O Veneno da Serpente*, Maria Luiza Tucci Carneiro
22. *O Brasil Filosófico*, Ricardo Timm de Souza
23. *Schoá: Sepultos nas Nuvens*, Gérard Rabinovitch
24. *Leni Riefenstahl: Cinema e Nazismo*, Luiz Nazário
25. *Dom Sebastião no Brasil*, Marcio Honorio de Godoy
26. *Espaço (Meta)Vernacular na Cidade Contemporânea*, Marisa Barda
27. *Os Druidas*, Filippo Lourenço Olivieri.

Este livro foi impresso na cidade de São Paulo,
nas oficinas da MarkPress Brasil, em abril de 2015,
para a Editora Perspectiva.